Henri Vincenot

Les chevaliers
du chaudron

Denoël

Les téléspectateurs ont appris à aimer le visage, l'accent, les gilets brodés du Bourguignon Henri Vincenot, conteur incomparable. Il est né à Dijon en 1912, de vieille souche bourguignonne. Son grand-père maternel, natif de Châteauneuf dans l'Auxois, de son état ferronnier ferrant, fut le premier des Vincenot à se mêler à la grande aventure du chemin de fer. Son père fut dessinateur-projeteur de la voie à la compagnie du P.L.M. Henri Vincenot lui-même, après avoir « fait » H.E.C., entrera à son tour à la Compagnie.

Remarqué par Roger Ferlet, alors directeur de *La vie du rail,* Henri Vincenot deviendra pour plus de vingt ans l'un des principaux collaborateurs de cette revue pour laquelle il signera les célèbres voyages du professeur Lorgnon, illustrés de ses propres croquis.

Dès 1952, découvert par Robert Kanters, il publie son premier roman chez Denoël, *Je fus saint,* suivi de *Walther, ce boche, mon ami* en 1954. Puis, en 1956, *La pie saoule* et, en 1956, *Les chevaliers du chaudron* qui lui valut le prix Chatrian et où il racontait l'épopée des premiers cheminots.

Il écrivit ensuite : *Les yeux en face des trous, A rebrousse-poil, La princesse du rail* pour la télévision en 1969, *Le sang de l'Atlas* en 1974.

Dans tous ses romans, la Bourgogne fut présente mais jamais elle ne le fut autant, jusqu'à *La Billebaude,* que dans *Le pape des escargots.* C'est pour ce roman, paru en 1972, qu'Henri Vincenot obtint le prix Sully-Olivier de Serres. Enfin, en 1978, avec *La Billebaude,* Henri Vincenot devient un best-seller et un très large public découvre son œuvre colorée et savoureuse.

1

Bien qu'il fît assez froid, en cette matinée d'octobre, le Claude Bacherot, dit « la Loutre », quitta ses sabots, descendit dans le lit de l'Oze, releva ses manches et gagna le courant.

Ses pieds sales (crasse vaut cuirasse) frétillèrent d'aise sur le sable froid avant d'entrer prudemment dans l'eau. Il s'apprêtait à passer la main sous une racine de marsaule lorsqu'il vit, au loin, deux cavaliers sortir du taillis et s'engager dans le ravin de Troussequine.

Le premier était monté sur un cheval rouge, brillamment bridé, qui encensait fièrement. L'autre, sur une jument isabelle, suivait à dix mètres. Tous deux semblaient rechercher l'abri des buissons, et lorsqu'ils purent gagner un couvert, ils s'y engagèrent franchement.

La Loutre les prit tout d'abord pour les gendarmes et il allait déguerpir, mais, à y mieux regarder, il ne reconnut ni leurs bicornes, ni la queue courte de leurs chevaux militaires. Au contraire, les montures qu'il venait d'entrevoir avaient de longues queues flottantes, des crinières folles et, sur le front, un toupet qui se balançait sur leur chanfrein.

Leur allure n'était pas non plus celle des braves chevaux de réforme dont on dotait alors la maréchaussée. Ces bêtes-là portaient le harnais de cavalerie. La Loutre, qui avait vu, dans son enfance, passer les armées de la campagne de France, s'esclaffa : « Les Cosaques qui reviennent ! »

Lorsque les deux cavaliers réapparurent au bas du raidillon, la Loutre put voir qu'un sabre de cavalerie battait les flancs maigres des montures. Bien mieux, celui qui fermait la marche portait une courte lance, un bonnet de fourrure et un lourd manteau flottant qui recouvrait la croupe de sa jument et tout à coup, un faible rayon de soleil alluma un reflet sur un bugle qu'il portait en sautoir.

— Foutrebleu ! souffla la Loutre en un murmure doux comme une gorgée de ratafia.

Ils marchèrent un peu à découvert, puis se jetèrent dans la friche, où ils disparurent parmi les genévriers.

Le Claude Bacherot ne put retenir un autre

juron lorsqu'il vit que le fameux Cosaque portait effectivement de longs cheveux jaunes débordant de son haut bonnet de mouton. Il s'aperçut aussi qu'ils étaient chaussés tous deux de bottes molles.

— Les Pandours ! dit à mi-voix le braconnier.

Arrivés à un bosquet d'ormeaux, près de la rivière, ils mirent pied à terre, passèrent la bride sur l'encolure, l'accrochèrent aux basses branches, s'accroupirent et se mirent à fumer de longues pipes à couvercle qu'ils tirèrent de leurs fontes.

Les deux hommes étaient assis en tailleur et fumaient en silence. Ils portaient tous deux une moustache vierge, mais tandis que, chez le Cosaque, elle tombait de chaque côté de son visage, effleurant le haut col de son dolman, comme un flocon d'étoupe, chez l'autre, elle se rebroussait, bien noire, le long de sa joue et rejoignait les favoris qui, eux, étaient fort gris. On sentait là-dessous le sabreur, le soudard mais aussi l'aristocrate. La Loutre, qui ne manquait pas de finesse, pensa : « Un demi-solde ! », et il se mit à compter sur ses doigts : « Cet homme-là est dans ses quatre-vingts ans. Il serait donc né vers 1780. Il était capitaine sous Grouchy, c'est sûr ! »

Il en fut certain lorsque, ayant écarté son manteau de cavalerie, le « capitaine » découvrit

9

une tunique rapiécée et décolorée dont la coupe trahissait son troisième hussard.

Ces personnages donnaient à ce coin désert de vallée un parfum du bon vieux temps et la Loutre se croyait redevenu le tout petit garnement qu'il était au moment où, quarante ans plus tôt, l'invasion mêlait ici même l'Europe centrale aux débris de la Grande Armée.

Tout était calme, mais, tout à coup, de la tête de la vallée, où culminaient les hauts de Blaisy, enneigés de la veille, parvint un grondement puis un long cri strident.

La Loutre reconnut le bruit, maintenant familier, du convoi qui, en huit heures, faisait, par la voie ferrée, la liaison entre Dijon et Paris.

On était en 1857. Depuis quelques années, l'Oze avait été détournée en plusieurs endroits pour permettre à la voie ferrée de prendre ses courbes et de lancer à son aise ses alignements droits. Cela n'avait pas été sans nuire aux truites de la Loutre, que ni la vitesse de l'engin, ni son panache de fumée ne subjuguaient, et qui avait conçu contre le monstre une haine tenace. Il accusait les constructeurs de la ligne d'avoir épouvanté « ses » poissons et effrayé « ses » lièvres. Près des meules à charbon, dans les cabanes de bûcherons, il répandait, car il avait bonne langue, que ces rails, posés en travers de la grande transhumance du gibier noir, allaient arrêter la ronde séculaire des sangliers entre Ardennes et Morvan et il prétendait même que le fracas des trains allait déranger la cervelle des hommes ; aussi ne voyait-il jamais passer le train sans tendre le poing vers le mécanicien.

Ce n'était pas l'homme qu'il visait ainsi, car il lui était arrivé de boire, à l'auberge de Blaisy et de fraterniser avec les travailleurs du rail. C'était à l'ingénieur et à sa machine qu'il en voulait, mais ceci est toute une histoire.

Donc, au bruit que fit le train, les deux hommes se levèrent promptement et, aussitôt qu'on vit poindre son panache de vapeur au droit de la combe de Grésigny, ils montèrent en selle. Ils prirent du champ et, comme la machine locomotive apparaissait dans la grande courbe, l'officier mit sabre au clair et, d'une voix terrible, commanda la charge.

Ils arrivèrent ainsi d'un bond sur le remblai, et, bien droits sur leurs étriers, coururent sus au convoi, au grand galop, chacun d'un côté de la voie. Tout à coup, ils montèrent sur le ballast et s'immobilisèrent net, debout entre les rails, le sabre au poing.

Le mécanicien, voyant accourir ses escogriffes, avait d'abord levé les bras au ciel, mais, avec son chauffeur, il tentait maintenant d'immobiliser son convoi. Il avait d'abord renversé la vapeur et on le voyait, comme un pantin, tourner la manivelle du frein à main.

La machine s'était mise à patiner en faisant des gerbes d'étincelles. Elle arrivait sur les cavaliers qui ne bougèrent pas d'un sabot et elle stoppa enfin, alors que le chasse-bœufs effleurait tout juste le paturon du cheval rouge.

Le mécanicien, un grand diable, lui aussi fort moustachu, du haut de sa plate-forme, haranguait les agresseurs, alors que les voyageurs se penchaient aux portières. Les femmes s'étaient mises à hurler et l'une d'elles s'évanouit lorsqu'un vieux monsieur ayant rajusté ses besicles, se fut écrié : « Mes enfants, ce sont les faucheurs de la mort ! » Il ne croyait d'ailleurs pas si bien dire, comme on verra.

Les deux cavaliers, sabre au poing, ne faisaient pas un geste, ne prononçaient pas un mot. Ils étaient bien droits sur leurs montures immobiles. On aurait dit deux fantômes et seul le brouillard de leur respiration montrait qu'ils étaient bien vivants.

Devant eux, la locomotive, essoufflée, haletait en trépignant d'impatience. La Loutre s'approcha. Au fond, il n'était pas mécontent que le cheval tînt tête à la mécanique. Il avait si souvent prédit, entre deux chopines, la fragilité du progrès et la vulnérabilité de la machine !

Le mécanicien, qui paraissait très vif, avait longé le tablier de sa locomotive. Il était maintenant à l'avant, cramponné d'un bras à la main courante et il haranguait violemment les deux curieux cavaliers qui, le sabre bas, restaient impassibles :

— Vous avez de la chance que j'aie pu maîtriser ma machine. Autrement, elle vous fauchait comme des quilles.

En guise de réponse, le chef, d'une voix d'ophicléide, se présenta :

— « Colonel Joubert, Grand officier de la Légion d'honneur, médaille militaire ! » puis il fit cette proclamation : « J'ai, lorsqu'il en était temps encore, lutté par la parole contre l'avènement du railway. On n'a tenu aucun compte de mes avertissements. J'ai donc l'honneur de vous informer que je combattrai par tous les moyens, les armes à la main. Sur tous les points du territoire, j'attaquerai, sans préavis, la voie ferrée, les convois et les gares, jusqu'à ce que l'attention des pouvoirs publics ait été ainsi attirée sur la précarité, la fragilité, l'inanité et la malfaisance de ce dérisoire et dangereux moyen de transport et jusqu'à ce qu'on ait redonné au cheval le rôle qui lui est dû ! »

Le mécanicien, sans perdre son sang-froid, répéta trois fois : « Je vous somme de dégager la voie ! » Le colonel Joubert éclata d'un rire sonore et s'écria :

— Je constate que deux cavaliers décidés immobilisent votre locomotive !

L'autre rejeta la tête en arrière.

— Pour vous balayer, je ne me donnerai même pas la peine de toucher à mon régulateur. Une dernière fois : Dégagez la voie !

Puis, comme les cavaliers n'obtempéraient pas :

— Vous l'aurez voulu, carnavals ! Vous allez voir ce qu'il en coûte de mettre en rogne Lazare Denizot !

Il revint à son foyer, rajusta son foulard, empoigna son ringard et cria à son chauffeur : « A moi, compagnon ! » Il assura son ringard dans ses énormes pattes de forgeron et, se servant de son outil comme d'une lance, se précipita sur les assaillants. Le chauffeur, un peu en retrait, armé de sa pelle, en fit autant.

Les chevaux firent un écart et reculèrent. L'officier qui ne s'attendait pas à cela, se replia et, faisant volte-face, revint au triple galop.

Le premier choc eut lieu. Le Cosaque, d'un coup de pointe, perça le bras du chauffeur qui, lâchant sa pelle, s'enfuit en hurlant, mais le mécanicien, les jambes bien cambrées, reçut l'officier d'un coup de ringard à la poitrine. Le cavalier chancela, mais déjà son Cosaque revenait à revers. Pris entre les deux forcenés, Lazare Denizot ne pouvait faire face des deux côtés. Il prit alors le ringard par une extrémité et en fit un terrible moulinet. Le cheval rouge le reçut sur les naseaux et se cabra en hennissant de douleur. L'autre broncha et se jetant de côté, glissa jusqu'au bas du remblai, sans toutefois désarçonner son cavalier.

L'officier seul, maintenant, tenait tête au mécanicien. Il cherchait à parer les coups de ringard et à reprendre contact, mais l'autre le tenait à distance avec son moulinet et même, maintenant, avançait pas à pas, pressant le cavalier contre le talus sur lequel le cheval s'acculait.

Lazare Denizot, excité par la chaleur de l'action, s'était mis à hurler, comme il avait l'habitude de le faire dans les batailles de villages ; à la façon des héros antiques, il interpellait l'agresseur :

— Galonnard à la petite semaine ! Sabreur de chef-lieu de canton ! Où as-tu appris à te battre ? Va donc plutôt couper les choux avec ton foutu châtre-bique ! N'oblige pas Lazare Denizot à transformer ton cheval en colle de peau !...

Il était magnifique. Sa lourde casquette de cuir

était tombée sur le sol et sa tignasse lui venait sur l'œil. Le lacet noir qui lui servait de cravate s'était dénoué et battait l'air. Les femmes étaient restées aux portières, car leurs longues robes les gênaient pour descendre sur le ballast, mais les hommes étaient tous là, groupés près de la locomotive, comme poussins sous mère poule, encourageant de la voix le chevalier de la vapeur, le paladin du rail.

Le cavalier avait beau piquer des deux, sa monture reculait devant le moulinet, les jarrets tremblants, les naseaux palpitants, la croupe avalée, les oreilles effacées. C'est alors que l'homme au sabre se résigna à faire volte-face et à s'enfuir en rengainant, alors que Lazare Denizot, sur sa lancée, bravait sans vergogne :

— Fuyez, gradaille !

Puis se retournant vers ses voyageurs, il s'écria :

— Voilà bien l'armée ! Des grands mots, des grands gestes de statues, et le premier peigne-cul venu les met en déroute !

Après quoi il s'enquit de son chauffeur. Lorsqu'il sut qu'il était soigné par les belles voyageuses de la première classe, il se rendit à son chevet. Il le vit tout pâle, lui tapota la joue comme on fait à un bon élève en lui disant, non sans suffisance : « Courage, compagnon, tout va bien : Pas d'ava-

16

rie au matériel! » Puis, pendant que le chef de train criait : En voitures, messieurs et dames! il gagna sa machine et, faisant office de chauffeur et de mécanicien à la fois, il mit fièrement son convoi en marche en hurlant sa chanson favorite.

Une demi-heure plus tard il arrêtait son train à l'embarcadère des Laumes, où, prenant la plume, il rédigea de sa belle main un rapport sur l'événement qui avait provoqué un retard d'une heure.

Cette aventure lui rappelait les batailles qu'il avait dû soutenir contre les ennemis du rail, du temps qu'il était employé dans les chantiers de construction de la ligne, en 1850-51.

Là-dessus, il raconta son aventure, non sans la parfaire, à l'usage des profanes, dans le sens le plus favorable à la gloire de la corporation. Ses collègues de la gare de Laumes eussent voulu l'emmener à la gendarmerie. Hélas le chef de la gare lui donna l'ordre de reprendre sa place aux commandes de sa machine jusqu'à Tonnerre comme le prévoyait le roulement et, bien que la plupart des voyageurs eussent préféré, par prudence, interrompre un voyage aussi mal commencé, le train de Paris s'ébranla en direction du nord.

Pourtant, en démarrant, Lazare avait eu le temps d'entendre un homme d'équipe s'écrier : « Ce beurdal-là qui vous a attaqués, c'était le

Joubert, avec son Dislas. Je les connais. Ils vivent comme des loups dans les ruines de l'abbaye de Saint-Vivant, avec une bohémienne !... »

Le bruit de la machine avait couvert la voix de l'homme, mais Lazare continua à mâchonner ces noms : ... Joubert... Dislas... Abbaye de Saint-Vivant... Oui-da, j'irai jar voir ça ! Je veux les revoir, ces corniauds-là.

Puis les soucis professionnels reprirent le dessus et il se mit à surveiller la voie et sa machine, exercice qui le passionnait si fort qu'il en perdait habituellement notion de tout, aussi bien des vicissitudes de la vie que des pétulantes ardeurs de ses vingt-huit ans.

Pour continuer jusqu'à Tonnerre, on lui avait tout bonnement laissé son chauffeur blessé et c'était Lazare lui-même qui devait manier la pelle. Il le fit bien volontiers, prenant toutefois bien garde de reprendre sa place aux commandes chaque fois qu'on approchait d'une gare ou d'un passage à niveau ; il ne fallait pas que les gardes-barrières, à qui il faisait toujours, au passage, un salut magnifique, le vissent en position de sous-fifre. Mécanicien il était, mécanicien il devait paraître.

Le grondement du train, il faut le dire, attirait le long de la voie tout le personnel des gares au grand complet. Les villages se vidaient en un clin d'œil et toute la population valide se pressait aux clôtures pour lever le bras et saluer, à la romaine, les berlines rouges et vertes traînées par cet engin d'enfer que chevauchait Lazare. Les enfants et les femmes, plus futiles, agitaient la main et, quelquefois, un mouchoir ou un foulard de couleur.

Lazare ne manquait jamais de s'attribuer personnellement cet enthousiasme et ces gracieux saluts. Souvent même, malgré la « grande vitesse » de son convoi, et peut-être à cause de cette vitesse, il était subjugué par une beauté entrevue au passage, une belle fille de la vallée de l'Armançon où la race de « la Montagne » se mêlait à celle de « l'Auxois. »

En dépit de la pluie glacée qui s'était mise à tomber, c'est en sifflotant (la vitesse pousse à la joie, comme le bon vin) qu'il arriva à Tonnerre où il eut maille à partir avec ces gens pointilleux et paperassiers que sont les employés de gare.

Son retard d'une heure, en effet, fut cause d'une dispute qui tourna bien vite à la bagarre, car déjà l'hostilité naissait entre les roulants, ardentes fleurs du rail, et les sédentaires, pâles laitues blanchies dans l'obscurité des bureaux.

Il négligea de se justifier et ne craignit pas

d'engager la lutte seul avec trois galonnards que, dans son fougueux aveuglement, il alla jusqu'à confondre avec la vulgaire gradaille, celle des batailles, la pire des espèces, à ses yeux.

Ils s'empoignèrent rondement, sans ménagements, dans les bardanes et les tussilages qui tapissaient déjà les remblais tout frais. Il venait de faire cent cinquante kilomètres sous la pluie et le verglas, recroquevillé près du foyer, ne laissant passer que le haut du visage pour surveiller la voie, rôti par-devant, glacé par-derrière, trempé, pelletant à découvert une demi-tonne de charbon pour l'enfourner dans cet enfer. S'il cognait maintenant si fort sur ces employés de gare, c'était pour se venger de la machine, son bourreau bien-aimé. Car, préfigure de ce progrès mécanique, qui tend plus à se dépasser lui-même qu'à soulager les hommes, la crachotante chaudière de Papin avait su, en moins d'un siècle, devenir la chaudière tubulaire de Seguin, puis la Crampton, capable de rouler jusqu'à cent vingt kilomètres à l'heure, mais n'avait pas encore eu le temps de prévoir le moindre abri pour ce chauffeur et ce mécanicien, ces deux hommes sans lesquels elle ne serait rien.

Sa longue burette en main droite, son essuyage en main gauche, Lazare était assis maintenant sur le champignon du rail, aux pieds de son exigeante idole. Il était atrocement las, toute exaltation tombée, souillé, glacé, moulu comme vendange en broyeur ; il portait sur ses épaules l'écrasant fardeau du progrès dont il parlait tant, et aussi la rapacité des spéculateurs.

Sceptique et lucide, comme tout bon Bourguignon salé, il entrevoyait déjà toute la cascade des perfectionnements techniques. Dans son engourdissement il devinait la surchauffe, subodorait la double expansion, extrapolait avec une aisance peu commune chez un ancien forgeron de village les possibilités du monstre. Il entrevoyait l'ampleur de sa croissance, l'ardeur de son appétit, les convulsions de sa digestion et la virulence de ses déjections. En contrepartie, ses souvenirs se levèrent, nombreux : villages paisibles et solitaires de son Arrière-Côte natale, grandes forêts sombres, eaux vives et libres, chemins rocailleux en lacets, artisans pas pressés, plus absorbés par la passe à la bécasse et le rappel des chevreuils que par l'avenir de l'industrie.

Il revit aussi la forge, « sa » forge, ou la bigorne dormait, empoussiérée, sous le soufflet silencieux et il piqua une grandiose colère. Ayant jeté la burette sur le ballast, il cria :

— Bougre de gnôlu ! Avoir une belle forge, une maison de pierre, une chènevière, un champ, un pré, un verger, un jardin et venir te faire rôtir la panse sur ce brûlot de malheur, nuit et jour, par tous les temps ! Pouvoir être ton maître et venir ici larbin de la Compagnie ! Etre là-bas seigneur et venir ici palefrenier de ce chaudron du diable !...

Il en était là de ses imprécations lorsqu'il entendit, du côté du nord, un long sifflement, comme un cri de femme effrayée, puis le grondement d'un convoi et enfin le crissement des sabots de frein. Il s'interrompit et, se penchant, par habitude, chercha à voir la machine qui arrivait et la mine de ceux qui la conduisaient. Il se précipita, comme un gosse et fut dégrisé subitement : le convoi était tiré par une locomotive étonnante. Non seulement elle était peinte de couleurs fraîches et bardée de cuivres étincelants, mais le dôme de vapeur n'avait pas la forme habituelle et l'embiellage était différent. Le cœur battant, repris par l'amour de la mécanique, il se mit à courir en criant : La Crampton ! La Crampton qui arrive !

C'était bien la Crampton.

Sans l'avoir jamais vue, il l'avait reconnue, tant l'ingénieur Abel, son chef, lui en avait parlé avec précision. Il s'apprêtait à caresser de la main les organes de cette étonnante nouveauté lorsqu'un employé à casquette vint lui dire qu'on le demandait au bureau de l'embarcadère.

A regret il quitta la merveille dont c'était le

premier voyage sur la ligne. En trois enjambées il fut au bureau.

— Denizot, mon bon, vous voyez cette voiture ? lui dit le chef de gare en montrant une berline flambant neuve. Elle contient le prince Walewsky, ministre de Sa Majesté Napoléon III, empereur des Français. Il doit arriver à Dijon dans deux heures au plus tard. Il lui faut un mécanicien de qualité et une machine irréprochable. Nous comptons sur vous, le maître mécanicien dijonnais !

Lazare se cambra, ramena sa casquette de cuir sur son occiput, sifflota finement, laissant attendre sa réponse. Tout au plus rétorqua-t-il : « Et mon chauffeur qui a reçu un coup de sabre ?

— On vous en donnera un autre ! » lui répondit le chef de gare.

En une seconde toute rancœur, toute lassitude étaient tombées. Il avait suffi de chatouiller deux vanités : celle du mécanicien et celle du Bourguignon. Ainsi va le bon peuple et les chefs le savent bien.

En dix minutes il fut attelé au convoi plénipotentiaire, sa provision de charbon dans son tender ; il vint prendre de l'eau et il démarra bientôt, bien droit, le foulard flottant au vent. En passant devant la garde-barrière, alors que le train prenait déjà belle vitesse : « On l'emmènera, votre prince ministre ! » dit-il.

Dans le fracas, la garde-barrière ne comprit pas. Elle crut qu'il rendait grâces à ses charmes, elle minauda et lui envoya un baiser. Mais il était déjà loin.

Il écoutait, émerveillé, le bruit léger des bielles et le glissement moelleux des tiroirs. Son chauffeur, qui venait de charger le feu, écoutait aussi en souriant béatement. Lazare lui lança un coup d'œil :

— Un véritable reloge, compagnon !

— Pour sûr, mon chef !

Ils s'engagèrent dans la tranchée de Lézinnes où l'imperceptible cliquetis du mécanisme, canalisé par les maçonneries en pierres roses de Tanlay, devint un murmure puissant, un tic-tac doucereux, un glissement rythmé dont aucun bruit naturel ne peut donner une idée et Lazare chavira dans l'euphorie quotidienne qui le payait de toutes ses rancœurs. Il se tourna vers son compagnon :

— Le prince Walewsky ? Tu connais ça, toi ?

Ce nom ne lui disait rien. Il ignorait tout des princes et des ministres, qu'il n'aimait pas. Il savait que Napoléon III était présentement empereur des Français, c'était tout. Il lui savait gré d'avoir ordonné l'exécution du programme de

24

1842 qui prévoyait la construction des grandes lignes de chemin de fer et lui devait d'avoir été embrigadé dans le personnel des compagnies, mais le nom des ministres lui était inconnu. Il ignorait que ce Walewsky fût un bâtard du petit caporal et qu'il se rendait en Italie pour y avoir une entrevue avec Cavour.

Il passait en vitesse dans les gares en actionnant le sifflet, ne ralentissait qu'aux aiguilles et avalait les rampes, l'œil patriotiquement fixé sur la voie, ivre de vitesse et pourtant lucide comme un préfet de police. Mais tout à coup, alors qu'on approchait du lieu de l'incident du matin, il mâcha un juron :

— Foutre ! Mais le sabreur de ce matin ?... C'était un attentat politique ! Ils se seront trompés de convoi ! C'était le ministre qu'ils guettaient ! J'ai évité une catastrophe nationale ! »

Lui qui n'aimait ni l'armée ni ses pompes, se voyait déjà décoré pour sa bravoure et son esprit d'initiative : On le proposait pour la Légion d'honneur. Il rassembla les ringards, les mit à bonne main afin de repousser les agresseurs éventuels et, comme on attaquait la longue rampe de Blaisy, il ordonna à son chauffeur de pousser le feu et de ne plus laisser tomber la vapeur avant que le convoi bascule vers les vignes et les roches dijonnaises, tout empanaché de gloire historique.

Dès qu'il eut passé le viaduc de Neuvon, il prit
de l'eau au robinet du tender, fit une toilette
sérieuse et enfila sa chemise blanche qu'il tenait
en réserve dans son panier et lorsqu'il déboucha
au pont des Chartreux, il était debout aux commandes, l'œil frais, la peau luisante d'avoir été
frottée, saluant familièrement les gendarmes figés
au garde-à-vous, tout le long des voies.

Le prince Walewsky se rendait donc auprès de
Cavour, qui jugeait indispensable l'alliance de la
France contre l'Autriche et il devait faire, ce jour-
là, emmené par Lazare Denizot, la liaison Paris-
Lyon la plus rapide qui eût jamais encore été
réalisée.

Le lendemain, bien avant l'aube, Lazare quitta
le quartier de Chèvre-Morte où il louait, pour dix
francs par mois (il aimait ses aises et ne regardait
pas à la dépense) une chambre dans une maison de
vigneron.

Il dévala le chemin des Marmuzots, traversa les
Perrières où se construisaient des maisons de
rapport. Dans l'aube, ces échafaudages neufs où
clignotaient les derniers feux des gardiens de
chantier, donnaient à ce « Quartier de la gare »
une allure de fête, et à la ville entière un air de
prospérité.

26

Il arriva bientôt au dépôt des machines. Il disait bonjour à la sienne lorsque « le Bosco », un ancien maître de la marine qui faisait fonction de sous-chef de dépôt, l'interpella et le pria de passer au bureau.

L'ingénieur-chef du dépôt était là. C'était un homme dont les favoris gris n'échappaient qu'à grand-peine à l'étreinte d'un haut col empesé. Il se leva, tendit la main à Lazare :

— Denizot, dit-il, je vous félicite pour votre marche d'hier. Vous avez ramené le Prince Walewsky avec une promptitude qui vous honore autant que le chemin de fer. Le prince m'a chargé de vous remettre ceci :

Il tendit à Lazare un écrin dans lequel le jeune homme trouva un chronomètre en or. Sur le cadran en émail blanc, on avait gravé en noir une locomotive et, en belle écriture anglaise, le mot : RÉGULATEUR.

Il s'apprêtait à faire fonctionner le remontoir lorsque l'ingénieur, se rasseyant et boutonnant sa redingote, lui dit : Pourriez-vous maintenant m'expliquer ce retard d'une heure et cette bagarre en pleine voie entre Verrey et Blaisy ?

Lazare ne se fit pas prier. Raconter était, si l'on peut dire, son violon d'Ingres ; il y consacrait chaque jour de longues heures et il y avait acquis une expérience qui lui valait bien de la considération auprès de ses collègues, sur la ligne de Tonnerre à Mâcon.

Il eut moins de succès auprès de son ingénieur qui s'écria : Que me contez-vous là ? Une locomotive arrêtée par deux cavaliers ? Vous vous moquez de moi !

— C'est pourtant la vérité, monsieur l'ingénieur.

L'autre, méprisant, haussa les épaules :

— Vous avez rêvé, mon ami.

Lazare s'emporta d'un seul coup : Et mon chauffeur a-t-il rêvé lui ? Son coup de sabre dans le gras de l'épaule, est-ce un conte ?

Il avait brutalement appuyé ses deux gros poings sur le bureau de son chef et se penchait furieusement sous le nez de l'ingénieur, mais celui-ci, s'étant renversé dans son fauteuil, lui montra la porte. Lazare sortit en disant : « Excusez-moi, monsieur l'ingénieur, mais laissez-moi faire et dans quelques jours je vous amène mes deux Cosaques ici, dans votre bureau, avec leurs sabres et leurs carcans et vous verrez que ce n'est pas une imagination ! »

— Je vous prends au mot, Denizot ! Retrouvez-moi ces plaisantins ! Recherchez-les ! J'aimerais régler cette affaire sans passer par la maréchaussée !

Là-dessus, Lazare regagna sa machine que son

28

nouveau chauffeur, sorte de monstre rougeoyant, venait de mettre en pression. Il monta sur la plate-forme, sortit dignement son chronomètre impérial, le mit à l'heure, non sans ostentation, et ce fut le moment d'aller se mettre en tête du convoi de sept heures. Il commençait à faire jour. L'embarcadère de Dijon s'était peuplé de crinolines, ce que Lazare ne manqua pas de remarquer en frisottant sa fine moustache. Il mit tout son talent à refouler en douceur, puis à démarrer avec souplesse.

Lorsqu'il eut franchi le tunnel des Chartreux et qu'il eut atteint sa vitesse, vers la Combe-aux-Fées, il eut la tête plus libre pour penser, car c'était par cœur qu'il suivait sa ligne, en se la récitant à mi-voix.

Il faut dire qu'en ce temps-là, il n'y avait ni cantonnement, ni block-system, bien entendu. Seuls les signaux de gare ponctuaient le voyage qui ressemblait un peu à une navigation. Lazare s'était fait des repères le long de la route : le moulin Vaisson lui disait que le palier de Plombières allait commencer et lorsqu'il apercevait le bras du télégraphe Chappe perché sur la crête de Malain, il savait que le chauffeur devait charger le feu. Ses gestes étaient devenus tellement automatiques que son esprit était libre.

Habituellement, il pensait à une fille où à une

autre, mais cette fois-là, le souvenir de ces deux Cosaques, qu'il avait défaits la veille, lui tournait le sang. Qui étaient ces deux guignols ? Tout en les vouant au pire destin il ne pouvait s'empêcher de les trouver sympathiques, avec leur uniforme de l'autre empereur, leurs bonnets à poil, leur visage de cuir bouilli et leurs grands cris de Saramates.

Lazare avait toujours aimé la bagarre et les bagarreurs et dans le même moment qu'il leur fracassait la figure, il avait plus de tendresse pour eux que pour les mouille-brayette, les crache-tisane, les serre-fesses et les rats morts. « Ces deux-là, sur leurs bidets reffoux, mâchonnait-il, n'ont pas tournicoté. Ils ont chargé une locomotive ! Voilà deux rudes gaillards ! Je voudrais bon dieu bien les revoir et leur flanquer une bonne daubée ! »

Et tout en gravissant la grande rampe en lacets qui conduit de la cuvette dijonnaise aux hauteurs chenues qui partagent Seine et Saône, il ne cessa de ruminer un plan de campagne pour essayer d'approcher ces deux sangliers.

Au terme de l'énorme rampe de trente kilomètres, l'entrée sud du tunnel de Blaisy apparut au droit de la falaise de Baulme-la-Roche, où déjà les hommes de l'âge de pierre regardaient passer les migrations. Lazare le montra à son chauffeur qui chargeait une dernière fois le feu. L'autre eut un large sourire et hurla : « A nous la belle ! » et ils rirent aux éclats tous deux en s'engouffrant dans le souterrain.

Lazare n'était ni un faiblard ni un couard, mais chaque fois qu'il entreprenait ce cheminement dans le ventre de la montagne, il avait un frisson : Cinq kilomètres sous terre pour cet oiseau de grand air, c'était dur. Il disait : « Ce tuyau-là, c'est ma pénitence quotidienne ! » ou bien « Mon métier serait le plus beau s'il ne fallait pas se fourrer là-dedans ».

En dépit de cette peur, ou peut-être à cause d'elle c'est en chantant à tue-tête avec son compagnon qu'il engouffra son convoi dans « le tuyau. » Comme toujours, leurs voix se perdirent dans le grand tintamarre qu'y fit le train, et lorsqu'ils sentirent, sous leurs pieds, la plate-forme de la machine basculer, au kilomètre 288, ils surent que la rampe se transformait en pente et qu'enfin il n'y avait plus qu'à se laisser glisser vers la cuvette des Laumes.

2

Dans les semaines qui suivirent, les ingénieurs des chemins de fer reçurent des nouvelles troublantes : Le huit octobre deux cavaliers avaient attaqué un convoi entre Gevrey-Chambertin et Vougeot. Le dix octobre, les cavaliers, au sabre de cavalerie avaient tenté d'arrêter le train de Chalon. Le 15 octobre, les cavaliers fantômes apparaissaient sur la gauche du train de nuit alors qu'un grand feu était allumé au milieu de la voie. La machine avait renversé le bûcher improvisé tandis que les cavaliers tentaient vainement de l'arrêter. Le lendemain, deux « cosaques », sabre au clair, sortis du taillis près de Beuchail, suivaient le train entre Lantenay et Velars et s'évanouissaient dans la friche, se contentant de hurler et de vociférer.

Chaque fois, ils surgissaient sans que personne ne les ait vus venir et ils disparaissaient dans les taillis sans laisser de trace. Des légendes se formaient dans les campagnes où les fermes se barricadaient toutes les nuits.

Lazare, bien sûr, apprit ces différents attentats de la bouche même de ses collègues mécaniciens et chauffeurs.

Tous dépeignaient ces bandits comme fort poilus, tannés et boucanés. Tous étaient d'accord sur leur costume de hussards aux brandebourgs arrachés, le bonnet à poil, les moustaches d'étoupes, les bottes. Pas de doute : ç'était bien le Joubert.

Bien que la presse, sur la demande des ingénieurs des chemins de fer, restât muette sur cette affaire, les esprits s'échauffaient et Lazare qui avait eu, seul, l'honneur de croiser le fer avec ces fantômes, ne se faisait pas faute de jouer les gazettes, ici ou là. Au dépôt, dans les tourne-bride où il fréquentait, dans la rue même, il contait la bataille, imitait la voix du colonel Joubert, singeait le Pandour puis, saisissant la canne d'un auditeur, mimait le combat qui mit l'officier en fuite.

On s'arrêtait pour l'écouter et c'est au milieu d'un cercle de badauds qu'il terminait : « Je veux être changé en bitte d'amarrage si je ne retrouve pas ces épouvantails et si je ne les fais pas défiler rue de la Liberté, à poil sur leurs bidets ! » — car il avait définitivement pris parti contre ces curieux centaures : ne s'en prenaient-ils pas exclusivement à son chemin de fer ? N'avait-il pas entendu ce prétendu colonel Joubert proclamer : « ... Je combattrai le chemin de fer par tous les moyens et, s'il le faut, les armes à la main. Sur tous les points du territoire j'attaquerai, sans préavis, la voie ferrée, les convois et les gares jusqu'à ce que l'attention des pouvoirs publics ait été attirée sur la précarité, la fragilité et la malfaisance de ce moyen de transport... »

Lazare lui pardonnait les coups de sabre mais pas ces injures au railway.

Il fit le pari, alors qu'il devisait au café de l'Arquebuse, de maîtriser les deux énergumènes et il remonta aux Marmuzots très agité, organisant sa campagne, battant déjà monts et guérets pour retrouver cette troupe étrange.

Le dix novembre, veille de la Saint-Martin, alors qu'il se disposait à monter sur sa locomotive, Lazare fut informé qu'un homme le demandait. C'était la Loutre, le braconnier qui, assis sur le bord du trottoir, l'attendait.

— C'est bien vous, je vous reconnais ! s'écriat-il. C'est vous qui avez si joliment fait la leçon au Cosaque !

— Oui, c'est moi.

Le vieux malin prit Lazare par le bouton de son

caban et, à voix basse, lui dit : « J'étais caché dans les buissons de la rivière lorsque votre convoi est reparti. J'ai suivi les cavaliers tant que j'ai pu et j'ai pensé que vous seriez heureux de savoir lavoù qu'ils s'étaient ensauvés. Comme je devais venir à Dijon pour la foire de la Saint-Martin, je me suis dit comme ça...

— Tu as bien fait, coupa Lazare. Et alors ?

Et le vieux raconta comment il avait suivi les cavaliers à travers bois et friches en direction de Sombernon.

— As-tu raconté ça aux gendarmes ? demanda Lazare.

L'autre le regarda en clignant de l'œil : « Je ne parle jamais avec les bicornots ! » dit-il fièrement. Puis, ayant, dans sa bouche, changé sa chique de côté, il fit le récit de son voyage aux trousses des cavaliers.

Lazare l'écoutait, rouge d'excitation, pressé d'en arriver à la fin, harcelant le braconnier de « et alors ? » et de « bougre », qui conduisirent l'autre, un peu essoufflé, à lui dire enfin : « Ils bivouaquent dans les ruines du château de Barbirey ». Lazare eut un sursaut : le château de Barbirey ? C'était, dans le ravin de l'Ouche, un nid d'aigle en ruine, perdu dans les taillis, à dix kilomètres de son Châteauneuf natal. Il s'était égaré quelquefois par là, à la chasse. Il évoqua ce

36

coin sauvage, ces vieux murs jaillissant des épines. La Loutre continuait :

— Une fumée les attendait. Je ne me suis pas approché, mais je suis sûr qu'il y avait du monde là. J'ai même entendu une voix de femelle et j'ai senti l'odeur d'un drôle de frichti !...

Lazare sortit une poignée de pièces de son gousset, les donna au braconnier en disant : « Va boire à ma santé ! » Puis il sauta sur sa machine, alors que le bosco s'époumonait à le hucher partout, et, tout au long de sa route l'échappement bien rythmé répétait : Au château de Barbirey ! Au château de Barbirey ! Au château de Barbirey !... »

Il irait là et réglerait le compte de ces tranche-montagnes !

Lazare Denizot se croyait rajeuni de dix ans. Comme au temps où il venait voir au village sa fiancée, maintenant perdue, il allait en sifflant des airs de marche. Le matin, il était parti de Dijon bien avant jour. Il avait monté la Combe à la Serpent et gagné Flavignerot. L'aube l'avait glacé alors qu'il arrivait au col du Leuzeu.

Les grands bois, bien fourrés comme une toison de renard, en avaient aussi la couleur : rouges étaient les hêtres et les sanvuillots, roux étaient les chênes et les foyards, jaunasses étaient les coudriers et dorés les érables. Cela faisait comme un manteau jeté sur les épaules d'un pays inhabité, parfumé comme un champignon.

Lazare marchait sans bruit sur un tapis de feuilles tombées. Son calcul était de gagner les solitudes de Gergueil, de traverser les hautes friches au nord de Saint-Jean-de-Bœuf et de tomber à l'improviste, par le versant de la vallée de l'Ouche, sur le château de Barbirey. Il portait sur l'épaule son caban de mécanicien. Sur la tête la haute casquette et, de sa main droite, faisait tournoyer un rain de cornouiller.

Il marcha ainsi pendant quatre heures puis, s'asseyant, sortit son casse-croûte et, tout en mangeant, se soûla les yeux du spectacle de l'Arrière-Côte ensoleillée, étalée à ses pieds, coupée par le ravin, rempli d'ombre, où coulait l'Ouche. Une heure plus tard, il arrivait au bord de ce profond sillon qui se creusait jusqu'aux abords du Morvan. A travers les grands hêtres, il entrevit le ruban brillant de la rivière, le petit lacet de la route blanche, le village de Saint-Victor et, surgissant de l'éperon rocheux, le fameux château en ruine, semblable à une dent gâtée.

Il regarda longuement et écouta. A cette distance, il ne put percevoir que le bruit de la chute du moulin, mais il vit un mince filet de fumée bleue qui, sortant des pierrailles, montait bravement dans le ciel : Ils sont là ! murmura-t-il.

Il se jeta dans les éboulis et, un instant plus tard, caché dans une cépée de nerpruns, il pouvait inspecter la place de tout près : le château, dont les toits étaient crevés depuis longtemps, se laissait doucement dévorer par les ronces et le lierre. Au milieu de ces taillis, un sentier semblait battu qui conduisait à une petite poterne, à demi éboulée, cachée sous un sureau mort, ourlée d'orties, alors que des corneilles, nichées dans le haut mur crevé, tournoyaient au-dessus de la vallée en piaillant. De tout cela montait jusqu'à Lazare le parfum des décombres et des masures abandonnées. Pourtant dans la cour intérieure, devant la porte des communs effondrés, le regard de Lazare tomba sur un spectacle qui lui tira un juron. Il vit, en effet, un feu. Un de ces petits feux de romanichels, savamment entretenu entre deux pierres. Des chaudrons encharbonnés y mijotaient. Plus loin, un tas de crottin frais et des harnachements suspendus aux basses branches d'un arbre sec. C'était tout.

Lazare eut un sourire : la Loutre ne lui avait pas menti. Il allait se laisser glisser de son perchoir pour tomber, tel un loup-garou, à l'intérieur de la place, lorsqu'il eut le souffle coupé : Une fille venait de surgir des ruines et, tenant sur sa hanche un panier de légumes, s'agenouilla près des chaudrons où elle se mit à faire son tripot. Elle tournait le dos à Lazare qui ne voyait que sa croupe tendue, drapée dans une longue jupe à plis fins, en satin, et ses épaules que découvrait largement une blouse vague.

D'aussi loin qu'il était, Lazare vit dépasser du jupon une cheville nue, cambrée par un soulier à très haut talon. — Il béait encore d'étonnement et d'admiration lorsqu'elle se releva, d'un mouvement farouche, une main dans ses cheveux. Elle se retourna et apparut de face.

Lazare vit son bras alourdi de trois bracelets, sa blouse où tremblaient deux tétons pointus, sa figure mate et le reflet jaune d'un anneau à l'oreille.

— Une romanichelle ! souffla-t-il.

Il frisa sa moustache et, s'étant démasqué, s'engagea en terrain découvert. Elle venait de prendre, avec une écuelle, de l'eau dans un seau et, la tête renversée, les cheveux tombant sur ses reins bien cambrés, elle but une longue gorgée que l'on vit descendre, comme un spasme, dans sa gorge tendue.

Elle ne voyait pas Lazare. Il avançait sur une petite pelouse que tondaient deux chevaux pie entravés de cordes, à la façon des camps-volants.

Deux bêtes un peu maigres, à longues crinières, qui redressèrent vivement l'encolure et firent un écart en hennissant. La fille alors tourna la tête. Lazare était à dix pas d'elle. Il continua d'approcher en la regardant droit dans les yeux, comme il faisait avec tout un chacun, car il aimait intimider. Mais il en fut pour ses frais : la fille soutint son regard sans dire un mot. Il admira les grands yeux noirs, un peu butés, le nez imperceptiblement busqué, les lèvres plus violettes que roses et dodues comme un ventre de caille et surtout, mais de plus près cette fois, cette poitrine aux seins écartés, libres comme deux jeunes ramiers et sa lourde chevelure aile-de-corbeau.

Il fit le salut militaire :

— Salutas ! Où est le maître ici ?

— Je n'ai pas de maître, répondit la fille d'une voix de gorge qui retourna les tripes du gars. Il y eut un silence, puis : « A qui sont ces chevaux ? »

La jeune fille répondit par une autre question :

— Qui êtes-vous ?

— Je suis aux chemins de fer.

— Je vous avais pris pour un militaire, avec votre uniforme !

— Je suis aussi soldat. Il n'y a pas que les militaires qui défendent le pays. Moi je suis à l'avant-garde du progrès !

Il détestait l'armée, mais il aimait ce style à

panache et ces phrases de style électoral dont cinq républiques n'ont pas encore réussi à dégoûter les Français. Il allait continuer : « ... et j'emmerde tous ceux qui se mettent en travers de ma locomotive ! », mais elle éclata de rire :

— Je suis heureuse d'accueillir ici un héros.

Il répondit : « Il y a parfois plus de danger qu'on ne croit à conduire un convoi à vapeur entre Dijon et Les Laumes. »

Un homme venait de soulever le lambeau d'étoffe qui servait de rideau à une porte, ouverte dans la vieille muraille. Ses cheveux et sa moustache filasse retombaient sur le col de sa veste d'ordonnance. Il fumait une longue pipe dont le fourneau en porcelaine reposait sur sa poitrine.

Lorsqu'il vit Lazare, il vint à lui en courant et cria : « Quoi toi faire ici, chaudronnier ? »

Lazare qui avait reconnu un des cavaliers, jeta sa casquette et son manteau sur le sol en disant :

— Enfin te voilà, Pandour ! Le chaudronnier va te rétamer ta casserole !

Et la lutte commença : Le cosaque posa sa pipe sur une pierre et, d'un adroit coup de jambe, se débarrassa de ses bottes molles et ce fut pieds nus qu'il commença la danse. Courbés tous deux en avant, les bras écartés, ils tournèrent, les yeux dans les yeux. Lazare n'attendit pas longtemps. Tout de suite, il se jeta en avant, manqua son

42

homme une fois, deux fois, mais, à la troisième, ses poings s'abattirent avec une rapidité incroyable et, d'un coup de pied à l'estomac, il envoya rouler l'autre dans les chardons.

Il allait l'y rejoindre pour lui faire un peu goûter son étreinte, mais un bref galop retentit dans les rocailles. Un cavalier arrivait à bride abattue. Il allait s'interposer entre les deux hommes, mais le cheval buta sur un moellon et s'agenouilla brutalement. L'homme le releva et s'écria :

— Eh bien, jeune homme, que se passe-t-il ?

Lazare reconnut le colonel Joubert. Il s'apprêtait à le désarçonner par la botte, mais il vit le sang couler du membre antérieur du cheval. Il se reprit en montrant la plaie au colonel :

— Je ne me bats pas avec un homme qui monte un cheval couronné. Soignez-le d'abord.

L'autre eut une étonnante expression de douceur pour dire : « Vous aimez le cheval, jeune homme ?

— Avant d'être sur les machines, j'étais maréchal ferrant, monsieur ; et je peux vous dire que votre bête a été ferrée par un pignouf !

— Vous m'étonnez, mon ami. C'est mon ordonnance Dislas qui ferre tous mes chevaux, mais vous n'êtes peut-être pas familiarisé avec le fer polonais ? C'est Dislas qui les forge.

Il avait sauté à terre et pris le pied du cheval. Il

continuait comme au cours d'hippologie : « Le fer
polonais diffère du fer français en ceci... »

Pendant qu'il parlait, Dislas s'approchait de
l'animal blessé et la fille apportait une bassine
pleine d'eau et une fiole. Lazare la vit soigner le
cheval avec une telle habileté qu'il ne put s'empêcher de dire :

— Vous avez un drôle de maréchal, mais un
rude vétérinaire !

— C'est ma fille, répondit le colonel Joubert.

Les deux jeunes gens se regardèrent. Le colonel
abandonnant sa monture à ses infirmiers se diri-
gea vers le sureau et fit signe à Lazare de le suivre.
Il s'assit sur une basse branche qui lui fit comme
un trône et dit :

— Je vous ai reconnu, jeune homme, à l'ardeur
que vous mettez à vous battre... hum... J'aime le
courage. Vous aussi. Hum... Vous m'êtes très
sympathique, mais j'ai l'honneur de vous répéter
ce que je vous ai déjà dit : Je ne saurais tolérer que
le cheval fût détrôné par une vulgaire machine...
hum... Je hais la mécanique et ceux qui s'y
consacrent... hum... Elle pervertit tous ceux qui
la touchent, elle avilit et dégrade l'homme...

— Pourtant... le chemin de fer... hasarda
Lazare.

— ... Le chemin de fer défigure la France, cria
le colonel. Il abâtardit les hommes, donne la

44

possibilité de voyager à ceux qui n'en sont pas dignes, car monsieur, les joies de l'errance doivent être méritées, comme celles de la chasse et de l'amour, monsieur, et je vous prie de dire à ceux qui vous envoient... hum... que j'attaquerai en tout temps et en tous lieux la machine à vapeur... hum... Je sonnerai le rassemblement des honnêtes gens, que dis-je : de tous les Français dignes de ce nom, et, avec eux, je constituerai des milices, des gardes civiles, je les armerai de mes propres mains et je mènerai la lutte, monsieur, pour l'honneur du cheval et de la France... hum...

Il s'était levé et, selon la plus pure tradition, fouaillait ses bottes à coups de cravache en répétant :

— ... de la France, monsieur... et du cheval ! Je créerai mon comité de salut public, je ferai ma justice moi-même et je passerai par les armes tous les traîtres qui auront vendu leurs terrains aux agioteurs et au bradeurs de la France !

Il venait de sauter sur le mur éboulé qui dominait la vallée de plus de cent mètres. Il allait et venait sur la crête branlante en gesticulant, comme s'il eût commandé l'assaut de cette brèche ouverte sur le vide.

Déjà il ne s'occupait plus de Lazare. Il hurlait, seul, se détachant sur le ciel et les lointains de la haute vallée, alors que les choucas, effrayés, s'envolaient en nuée, de la seule tour qui restait.

Lazare ramassa son manteau, sa casquette et son bâton. Le Polonais s'approchait de lui, sabre au clair, en hurlant : « Toi partir, tout de suite ! »

Lazare esquissa une parade avec la trique, mais la fille le retint par les basques : Partez ! dit-elle doucement, partez !

— Vous êtes belle et vive comme une fauvette noire, dit Lazare à la fille.

— Partez ! insista-t-elle à voix basse.

— Vous reverrai-je un jour ? lui demanda-t-il.

Elle ne répondit pas et souffla : Partez !

Il lui lança un regard conquérant et dévala l'éboulis en bondissant à travers les noisetiers et regagna le chemin d'en bas. Il était sur le point d'y parvenir lorsqu'il entendit un galop derrière lui. Il se mit sur la défensive, prêt à parer l'attaque, mais ce qu'il vit le combla d'étonnement : sur la jument pie, montée à poil, à l'ordonnance, la jupe relevée sur ses cuisses nues, la bohémienne arrivait sur lui.

Elle ralentit à peine pour lui jeter : « Nous partons ce soir pour Chamechaude. Vous viendrez ?

— J'irai, dit-il. »

Elle avait déjà tourné bride et s'était jetée dans

une frichotte en direction de la combe et elle disparut.

Là-dessus, Lazare n'eut qu'une idée en tête : manger, la lutte et les émotions l'ayant creusé. Puis ensuite revoir cette fille, le plus tôt possible et entendre à nouveau cette voix dorée, troublante comme le chaud gloussement d'un oiseau inconnu. En se repliant sur le village de Saint-Victor où fumaient les cheminées de midi, il revoyait cette peau de miel, cet œil noir comme un cassis.

Il arriva bientôt à l'auberge Seguin, près de l'église, où l'on accédait par un haut perron. Il entra dans la grande salle en poussant un « Salutas ! » bien sonnant. Il aimait ainsi arriver à grand bruit dans ces bouchons où la voix résonne et intrigue les buveurs. Il aimait y trouver les figures inconnues des voyageurs encore emmitouflés dans leurs peaux de bique, la face rouge d'avoir été fouettée par le vent de la route, dans leurs tilburys.

Il y avait là quatre maquignons à lourdes moustaches, coiffés de grands feutres noirs, à quoi il reconnut des Morvandiaux. Puis des fermiers, des bûcherons noirauds, aux grosses mains noueuses et qui lui rendirent son « salutas » en le dévisageant. Il marqua un temps d'arrêt au mitan de la pièce basse et, d'une voix glorieuse, dans le patois de son pays, cria : « C'est pour manger ! »

S'asseyant dans un coin, il vit alors deux hommes installés à une table. L'un était petit et chafouin. Sa serviette était nouée sous son menton et il mangeait à grand bruit. Il avait mis des besicles et, par-dessus ses verres, dévisageait Lazare. Auprès de lui une grosse sacoche de cuir était posée. Une pelisse était étalée sur le dossier de sa chaise et il avait fait, à côté de son couvert, une place libre pour y ouvrir plusieurs numéros du *Moniteur* et du *National*. Il parlait avec vivacité sans perdre une bouchée de son civet de lièvre.

Il portait un gilet de tapisserie où jouaient les ors d'une chaîne traversière et d'une lourde breloque. Ses mains courtes bourgeonnaient au bout de longues manchettes molles un tantinet crasseuses qui jaillissaient d'une longue redingote puce à la mode de la Restauration.

Son interlocuteur, tout de noir vêtu, était plus jeune et plus maigre et parlait peu.

L'hôtesse installait Lazare près de la fenêtre. C'était jour de potée. Il en prit trois assiettées où nageait une livre de côtis, bien confit et mortifié par deux mois de saloir. Là-dessus, ce fut une omelette aux champignons, puis le civet de lièvre. La fenêtre s'ouvrait sur la vallée bordée de hautes forêts. C'était l'été de la Saint-Martin, transparent et doré comme une grappe d'alligoté. Lazare, les jambes étendues sous la table, allait entamer le fromage fort lorsqu'un grand bruit se fit dehors. Le colonel Joubert, en grand uniforme, s'encadra dans la porte et, au garde-à-vous, lut sa proclamation : « Moi, colonel Joubert, grand officier de la Légion d'honneur, médaille militaire, j'ai, lorsqu'il en était temps encore, lutté comme il convient contre l'avènement du chemin de fer... »

Pendant qu'il parlait, les gens de l'auberge s'étaient ressaisis. Les bûcherons l'écoutaient bouche bée, et les maquignons, esprits forts, ricanaient en jasant entre eux. Tout à coup, le colonel Joubert se tourna vers les deux étrangers et, les désignant d'un geste emphatique, il hurla :

« Gens de la vallée de l'Ouche, les ingénieurs étudient présentement le tracé d'une ligne de chemin de fer qui suivrait la dépression naturelle de l'Ouche. Je suis venu ici pour vous exhorter à vous grouper derrière moi pour recevoir comme il convient les saboteurs de votre belle vallée où ils vont détrôner le cheval et apporter l'enfer de l'industrie. Et pour commencer je dénonce ici la présence de deux dangereux agioteurs, hommes d'affaires pourris qui ne sont venus que pour spéculer sur les meilleures de vos terres. Celui-ci (et il désignait le plus gros), c'est Salomon

Braunstein, venu de Lwow, et l'autre, c'est
Rutland, dit Balsain !

Gens de la vallée de l'Ouche, mettez à la porte
de vos demeures ces deux vautours faisandés !... »

Les deux hommes qu'il désignait de la pointe
de son sabre s'étaient tassés sur leur chaise et
écoutaient sans mot dire, dominés par la farouche
grandeur du demi-solde qui continuait : « Jetez à
la porte ces deux juifs entrés en France dans les
caissons de l'ennemi ! Ne leur vendez rien. Ne
vendez jamais rien à personne ! Jamais ! Conser-
vez intact le patrimoine de vos pères ! N'introdui-
sez pas ici la folie du siècle, et si vous avez besoin
d'un bras valeureux pour les jeter hors de votre
Bourgogne, le mien est à votre disposition ! »

Il fit claquer les talons, porta la garde de son
sabre à la hauteur de ses lèvres, salua et disparut.
On l'entendit sauter à cheval et s'éloigner au
grand galop. Lazare, qui s'était levé, dans l'espoir
de voir le jupon à plis, ne vit que l'officier, seul,
bien droit sur ses étriers, qui s'éloignait du
village, non par la route en aval, mais par le
raidillon caillouteux qui contourne l'église et
gagne les sommets.

Son émotion était grande, mais il lui revint à
l'esprit que son frère de lait, l'abbé Boignard, était
curé d'un village voisin, et il décida d'aller lui
faire payer un bon café-marc.

Il arriva à la cure au moment où le docteur venait d'annoncer au curé l'algarade de l'auberge, car déjà, comme une traînée de poudre, la nouvelle de la construction de la ligne, lancée par Joubert, se répandait dans la vallée et dans les combes de la montagne, à la vitesse des tilburys :

— Te voilà, O mon Lazare ! s'écria le frère abbé en embrassant Denizot. Les deux hommes ne s'étaient pas vus depuis l'ordination de l'abbé, de trois ans l'aîné. Il fit asseoir le mécanicien et lui servit un bon café. C'était un énorme gaillard, haut, large et solide comme son confessionnal.

— Sais-tu ce que m'annonce le docteur Bonnot ? lui dit-il à brûle-pourpoint. Il m'annonce la construction prochaine d'un chemin de fer dans la vallée !

— Ça ne m'étonnerait ma foi pas ! grogna Lazare. Il se tourna vers le docteur : « Vous le savez déjà ? »

— Un médecin sait tout, répondit Bonnot. J'étais tantôt à Saint-Victor et on m'a dit que les acheteurs de terrains étaient là, à l'auberge et qu'ils avaient eu maille à partir avec un inconnu.

— Et alors ? interrogea Lazare en se tournant vers le curé.

— Alors ? haleta celui-ci, tu me demandes ça, mon Lazare. Toi qui es mécanicien, toi qui mènes cette vie de bagnard, toi qui vois de près ces foules attirées dans les grandes villes par ces nouvelles inventions et qui y perdent la tranquillité de leur cœur, la santé de leur corps et... surtout la foi de leurs pères ?

Lazare allait se fâcher tout rouge. D'un coup à plat de sa grande paluche il fit tressauter les tasses sur la table, se leva et s'écria :

— L'abbé, je vais te dire une bonne chose : ce qui te gêne dans cette affaire c'est que la puissance de la vapeur tende à libérer l'homme du souci biblique de gagner son pain à la sueur de son front !

— Oh, petit frère Lazare, dit doucement le prêtre, penses-tu que le chemin de fer supprime la peine des hommes... penses-tu qu'on puisse jamais supprimer la peine des hommes ?

— J'y crois, oui j'y crois ! Les ingénieurs peuvent tout, tu m'entends l'abbé ? Tout ! Moi qui te parle, j'ai vu... Et il se mit à dérouler la bobine de ses souvenirs du temps qu'il travaillait sur les chantiers de construction de la ligne impériale. Il parlait haut, tout prêt à se fâcher, comme toujours, puis il récita une sorte de catéchisme saint-simonien à l'usage du peuple et selon lequel le chemin de fer était comme « une arche d'alliance de l'humanité qui, par la suppression des distances, allait créer une vaste famille où la communauté des besoins et des aspirations devait produire à brève échéance l'unité morale et matérielle par l'accord des esprits ». Au bout de cette magnifique avenue formée par le double ruban d'acier, il y avait LA PAIX.

« ... Plus de guerre possible, enchaînait Lazare, dans un monde où les capitales ne sont plus qu'à quelques heures de route, où les produits peuvent être transportés en masse d'un bout à l'autre de l'Europe en une seule journée !... Morte la disette, morte la misère, morte la guerre ! »

L'abbé écoutait en souriant, hochant la tête :

— Es-tu vraiment plus heureux à ton chemin de fer qu'à la forge de ton père, que tu as quittée, dans ton Châteauneuf ?

Lazare se mit à réfléchir en tortillant sa moustache. Sa belle figure prit une expression de calme et de sincérité.

— L'abbé, dit-il, la peine ne nous manque pas sur nos machines, c'est vrai, mais nous sommes des pionniers. Les débuts de toutes les améliorations ont toujours été difficiles, mais plus tard...

Le curé mit sa main sur l'épaule du mécanicien : « ... Frère, dit-il, la construction de ces chemins de fer amènera ici les ouvriers hétérodoxes des chantiers, des trimardeurs qui gâteront nos populations...

Lazare fut aiguillonné par ce mépris : Des trimardeurs j'en fus ! hurla-t-il, ce sont de francs gaillards, et si tu n'avais pas sucé le lait de ma mère, je te ferais voir ce que c'est qu'un trimardeur ! Un compagnon du Tour de France ! Tu ferais mieux d'avouer que ce qui vous fait peur à vous, gens d'Eglise, c'est que ces convois qui passeront là, au pied de ton presbytère, emmèneront les jeunes se déniaiser à Dijon... non pas chez les filles du rempart, mais chez les libraires et dans les écoles ! Vous avez peur qu'ils vous échappent, voilà !

— En seront-ils plus heureux ? clama le curé.

Le docteur qui se taisait en sirotant l'eau-de-vie soupira : « Laissez faire, monsieur le curé. Ainsi va la vie ! » Mais l'abbé tenait à son idée. Il se leva :

— Tu l'as dit, Lazare, j'ai sucé le même lait que toi. C'est peut-être pour cela que je suis aussi têtu et aussi gueulard que toi. Je suis ton demi-frère, ne l'oublie pas, et je te rosserai bien encore, si tu y tiens, comme jadis !

— C'est à voir ! dit Lazare en quittant sa veste.

— Ta mère, qui n'était pas la mienne, m'a donné la force, comme à toi, mais elle m'a donné aussi sa foi, et j'utiliserai l'une pour défendre l'autre, envers et contre tous !

— Tu voudrais peut-être aussi garder ta clientèle par la force ?

— Je voudrais te flanquer une bonne fessée,

comme notre mère Nanette me demanderait de le faire si elle était ici, pour l'inconvenance de tes paroles !

— Alors viens donc me déculotter !

Les deux frères s'étaient levés, rouges et gloussant comme deux coqs-dindes. Lazare enleva prestement sa veste, l'abbé retroussa sa soutane, puis, ayant passé le pan dans sa ceinture sacerdotale, ouvrit la porte qui donnait sur le jardin et dit simplement à son frère : « Allez, sors ! »

Ils s'élancèrent dans la courette où, derrière les buis taillés, la basse-cour s'ébattait à grand bruit. Ils s'empoignèrent sans ménagements. Lazare, qui était pourtant un beau plançon, avait une tête de moins que le curé. Il utilisa toutes les rouerires qu'il avait apprises en se battant sur les chantiers, mais Boignard, qui luttait à l'ancienne, n'en avait cure. Il restait debout, faisant face, plus appliqué à frapper qu'à parer. Il recevait des coups à ébranler un bœuf mais ne sourcillait pas et attendait son heure.

Petit à petit, la bagarre avait débordé de l'allée de gravier et, brisant la bordure, se répandait dans une plate-bande en jachère. Tout à coup, on vit Lazare s'effondrer dans un carré de choux de Bruxelles dont les hampes s'écrasèrent sous son poids. Il resta un court instant immobile, se releva lentement en grognant. Sur le seuil, l'abbé brossait sa soutane et le docteur, sa tasse à la main, riait de tout son cœur.

En remettant de l'ordre dans sa toilette, Lazare gronda : « Je ne réussirai donc jamais à lui dresser les côtes ? »

Une heure plus tard, Lazare, refait par un second repas, reprenait, par les raccourcis, le chemin de Dijon. Il marcha pendant six heures sans seulement s'arrêter mais il ne cessait de revivre cette scène où la fille de Joubert, montée sur sa jument pie, était venue lui dire : « Vous viendrez ? » Il ne vit ni les lièvres ni les bécasses, ni les champignons ni les cornouilles bien mûres. Il ne s'arrêta même pas pour faire le pied lorsqu'il rencontra des coulées de chevreuils, dans la combe de Velars.

Il pensait à cette fille brune, à cette démarche qu'elle avait faite pour lui révéler leur prochain repaire. Il se remémorait inlassablement la suite des événements jusqu'au moment où cette voix sombre avait dit : Vous viendrez ?

Pour sûr, qu'il irait ! Il irait au bout du monde, il irait en enfer pour entendre à nouveau la voix de sa « fauvette noire ».

Le soir était tombé lorsqu'il arrivait à Flavignerot et lorsque, quittant les sentiers feutrés, il eut retrouvé le sol sonore de la route blanche, il eut comme un coup au cœur : devant lui, d'un seul coup toute la plaine et le Jura lui apparurent, roses et mauves. On voyait les plans successifs du Revermont, du Poupey et du Haut-Jura au-dessus de la brume horizontale et plus près, blottie au revers des monts, la ville capitale, avec ses tours et ses clochers, et enfin le quartier neuf de la gare.

Lazare se répéta que Dijon, qui ne comptait que vingt-trois mille habitants avant le rail, en comptait déjà près de trente-cinq mille. Pour lui, comme pour beaucoup à cette époque, l'accroissement de la population des villes était une promesse de bonheur universel, et la joie gonfla sa poitrine car il avait le sentiment d'être pour quelque chose dans ce rassemblement de tous les pays de la Bourgogne, et cette pensée chassa, pour un temps, le souvenir de la femme.

Il s'aperçut alors qu'il était très las.

— Aurais-je vieilli à ce point ? se demanda-t-il. Pourtant je ne suis pas devenu une panouille !

Il avait vingt-huit ans, mais il devait apprendre ainsi que la pratique du chemin de fer faisait perdre l'usage des jambes et qu'un progrès se paie toujours, de quelque façon que ce soit. Son scepticisme lui souffla même : « Il n'y a pas de progrès. Ce que tu gagnes en vitesse, tu le perds en vitalité. Tu fais cent kilomètres à l'heure et tu n'es même plus capable de marcher de l'aube au couchant, comme jadis. »

Mais, en « Enfant de la Raison » qu'il était, il fit taire cette voix gênante qui ressemblait un peu à celle de son frère curé et, en agitant son foulard, il hurla de joie en voyant passer sous les Perrières le train du soir dont il reconnut le machiniste qui lui rendit son salut.

Le lendemain, quand l'ingénieur lui demanda : « Alors ? Avez-vous trouvé nos oiseaux ? », Lazare prit un air gêné et répondit :

— Non, monsieur l'Ingénieur, non. J'ai perdu mon temps. Ces gens-là sont introuvables !

3

Et les neiges se mirent à tomber.

Alternées de grésil et de pluie, elles encapu-
chonnèrent les monts de Bourgogne d'un caraco
blanc. Les fermes s'embourbèrent dans leur tor-
peur d'hiver, protégées par le rideau noir des
forêts. On voyait monter dans le ciel gris les
fumées, bien droites, des meules à charbon, alors
que, dans le molleton du temps, se répercutait le
récri des chiens de chasse.

Tout le massif bourguignon sombrait dans
l'enivrant engourdissement de l'hiver, avec les
grands feux, les veillées où l'on rabiboche les
paniers et les manches d'outils, où les plus adroits
fabriquent, avec du **houx** bien sec et du frêne, les
grands râteaux faneurs pour l'été, alors que les
femmes rapsodent.

Contrairement à ce qu'on pourrait croire,
c'était à ce moment-là que Lazare regrettait le

plus d'avoir quitté le village pour la ville. Le bruit des sabots sur la route gelée, le grincement des charrois dans les grandes ornières verglassées lui manquaient plus que les chants d'oiseaux du printemps ; il se souvenait des éclats de rire dans sa forge où les commis venaient jaser en se chauffant. Il se souvenait aussi des braconnes et des grandes batailles que l'on entreprend, pour un oui, pour un non, aux confins des grandes friches, avec les gars des villages voisins, histoire de se réchauffer les oreilles.

Mais cette année-là, il n'eut pas le temps de remuer tous ces souvenirs. Lorsqu'il s'asseyait sur son lit c'était pour penser à celle qu'il appelait « la fauvette noire ». Il restait là, le menton dans le creux de la main, à sucer les poils foulots de sa moustache pendant des quarts d'heure.

— A Chamechaude, vous viendrez ! entendait-il toujours. Il était sur le point d'envoyer le chemin de fer par-dessus les moulins, de refaire le baluchon et, toutes affaires cessantes, de partir sur la route de l'Arrière-Côte et de marcher, marcher, jusqu'à ce qu'il entende à nouveau cette voix. Il n'allait plus jamais à l'Arquebuse, ne mangeait plus, à chaque repas, qu'un demi-saladier de treuffes, un morceau de viande à peine gros comme les deux poings, une pauche de haricots secs et deux ou trois lichettes de fromage.

C'était une pitié. Pendant que les camarades parfaisaient ce piètre menu, on le voyait, muet, l'œil lourd, les coudes aux cuisses, les pieds en dedans, assis à l'écart de la table. Il n'entendait même pas les moqueries et lorsqu'il ouvrait sa grande bouche de loup maigre, c'était pour dire : « Une saprée fille, la fauvette noire, oui une saprée fille sur sa jument, les cuisses nues, la jupe montée plus haut que le gras du genou, dans les éboulis !... »

Et lorsque quelqu'un avait l'air d'écouter sa complainte, il l'empoignait par le revers de la vareuse et lui disait :

— Si tu avais entendu sa voix, compagnon, si tu avais entendu sa voix, tu serais tombé raide mort !

Un jour, sur le « Monde illustré », son chauffeur lui montra une image représentant un essaim de très jolies femmes entourant l'impératrice Eugénie, il les regarda tout juste et fit la moue : « Ça ? Une impératrice ? Alors ma fauvette noire est la papesse en personne », puis il retomba dans son mutisme et mena la vie dure à son chauffeur, jusqu'au jour où on lui donna une Crampton.

C'était enfin une locomotive digne de lui. La plus rapide qu'on ait jamais vue en France. La même qu'il avait vue à Tonnerre, le jour du prince Walewsky.

61

Sa longue chaudière cerclée de cuivre couchée entre les deux grandes roues motrices, sa cheminée et son tender bas lui donnaient l'air d'un lévrier. Elle dépassait en longueur tout ce que Lazare pouvait imaginer : huit mètres pour la locomotive seule. Plus de treize mètres avec le tender, hors tout.

La première fois qu'il monta, il se crut sur la passerelle d'un paquebot, d'autant mieux que les deux grandes roues motrices, hautes de deux mètres dix, gainées dans leur carter ajouré, dépassaient de plus d'un mètre de chaque côté de la plate-forme, comme les deux grandes aubes des paquebots transatlantiques, et que la longue chaudière s'étendait, presque nue, racée et frémissante, jusqu'à l'avant, bordée d'une main courante qui faisait comme un bastingage.

A la proue, si j'ose dire, la cheminée, plus haute que celle des Stephenson, mieux proportionnée et beaucoup plus élégante, se dressait comme un beaupré d'apparat, avec son tromblon de cuivre rouge qui culminait à plus de quatre mètres au-dessus du champignon du rail ; du haut de la passerelle du commandant, ceinte d'un garde-fou, l'impression était capiteuse.

Vue de profil, le dôme de vapeur, surmonté de la soupape de sûreté avec son fin levier, chantourné comme un élégant samovar, lui donnait l'allure, tout respect gardé, d'un bibelot de salon, alors que l'embiellage, si fin, si astucieux, discrètement masqué par le longeron, ne montrait la bielle que furtivement.

— Ça tricote ! clamait Lazare.

Il étudia cet engin avec une émotion qui lui fit oublier la gueuse en jupon. Il rampa sous elle, se glissa entre ses entretoises, comme un amant entre les bras de sa belle, se frotta voluptueusement à son glorieux cambouis, découvrit un à un tous ses charmes, suscita tous ses spasmes, goûta à toutes ses ardeurs, savoura ses abandons, passa plusieurs nuits sur les plans qu'il se fit prêter par mossieu l'ingénieur et, lorsqu'il la connut par cœur, en théorie et en pratique, lorsque son esprit en fut plein, il eut l'impression de l'avoir dans le ventre, comme il disait. Ou plutôt, de faire partie d'elle, et, l'un par l'autre, la Crampton et Lazare arrivèrent à cette simultanéité dans l'orgasme qui fait les couples indéfectibles.

Elle pouvait, en maîtresse sûre d'elle, exiger qu'il se levât, en plein janvier, à deux heures du matin et qu'il descendît, dans la nuit la plus opaque, les raidillons tortueux des Marmuzots, fendu en deux par la bise, glissant sur les pires verglas, à l'aveuglette. Il marchait ainsi, butant contre toutes les pierres de la ruelle de Bellevue et de la rue des Perrières, perchées au-dessus de la grande courbe des voies. Là, il pouvait voir, comme d'une loge de première galerie, les machines en feu parmi lesquelles il reconnaissait la sienne, toute luisante dans la nuit, reflétant les flammes aveuglantes des lanternes.

Il se sentait alors soulevé de terre, le sang lui montait à la tête et, sans s'en apercevoir, il pressait le pas. Il dévalait comme un fou le talus des Perrières et arrivait au pas de gymnastique. Son chauffeur se précipitait au-devant de lui pour le décharger de son havresac qu'il logeait dans le coffre de la machine.

Puis il tournait autour de sa maîtresse d'acier, graissait avec soin, vérifiait tout, enfin il allait se mettre en tête du train et l'ivresse de la route recommençait.

Il démarrait son convoi avec majesté, prenait la courbe, saluait les toits, bariolés comme une passementerie, de Saint-Bénigne et du quartier des tanneries et, passée la Porte d'Ouche, fonçait vers la campagne encore endormie.

Tout autour : obscurité et silence glacé.

Sur la plate-forme, la lueur du foyer, le fantôme du chauffeur et, émanant de toute la machine, le bruit réconfortant du mécanisme et de l'échappement, bien réguliers, que Lazare écoutait comme Jeanne d'Arc recevait ses voix.

L'aube naissait lorsqu'il passait à Gevrey-

Chambertin. Elle blanchissait les hauts murs du Clos Vougeot et c'était la course enivrante vers la Saône, vers le Rhône. Toutes les cinq minutes, il jetait un coup d'œil vers la montre impériale qui gonflait son gousset. Il se sentait bourré d'importance, donc de joie. La fauvette noire était alors au diable vauvert.

Pourtant elle devait lui revenir à la mémoire d'une façon bien inattendue :

Une nuit qu'il venait de faire le Lyon-Dijon, la tête encore toute envirotée des noms de gares traversées, il était remonté lentement à sa maison des vignes. Il s'assit lourdement sur son lit. Il y sentit une forme allongée qui, d'un bond, se dressa. Lui, gonflé de muscles, débordant de forces, avait saisi l'intrus au collet et se préparait à lui faire passer le goût du pain, lorsqu'il entendit une voix connue qui hurlait :

— Arrête, arrête ! Caïn ! C'est moi, ton frère curé !

Lazare alluma une chandelle et, de fait, put voir l'abbé qui se frottait la glotte en reprenant ses sens.

— Je suis venu pour voir Monseigneur à l'évêché, dit-il lorsqu'il put parler, je suis arrivé hier soir et je suis monté tout droit ici pour te demander l'hospitalité. Ta logeuse, une très bonne femme, m'a ouvert ta chambre, je me suis couché dans ton lit, et voilà.

Lazare riait comme un fou en se déshabillant :

— Eh bien, l'abbé, tu peux dire que tu as eu de la chance que je sois fatigué. J'aurais pu te mettre en pièces si j'avais été dans mes bons moments !

Avant de s'endormir, ils jasèrent un peu. L'abbé expliqua : « J'ai été convoqué par Monseigneur et je dois être à l'évêché à huit heures très précises...

— Diable, il ne plaisante pas, ton patron !

— Dans plusieurs de mes sermons, j'ai un peu malmené, pardonne-moi, mon Lazare, le progrès et le chemin de fer, et notre évêque n'est pas d'accord.

— Je m'en doute bien puisqu'il a béni la ligne, le jour de l'inauguration...

— ... Et j'en ai assez de dépit ! ajouta l'abbé.

Ils se turent un instant. Le mécanicien reprit :

— ... C'est bien fait pour toi. On ne s'oppose pas au progrès !

— Qu'appelles-tu progrès ?

Lazare se retourna d'un bond : « Le Progrès, je te le répète, c'est que les hommes vont tous se rapprocher, se connaître et s'aimer, grâce au chemin de fer !

— Je le souhaite, mais je n'y crois pas.

— Alors tu vas le dire à ton monseigneur que tu n'y crois pas ?

— Je me tairai et j'obéirai.

— Tu n'es qu'un chien couchant !

— Je suis prêtre.

— Moi, j'aimerais mieux qu'on me châtre plutôt que de céder d'un mot ! Je suis un homme libre, moi !

Le curé fut d'un bond sur son séant :

— Voyez-vous le bel anarchiste qui obéit à une machine ! qui devient l'esclave de la mécanique, qui se lève à deux heures du matin pour aller astiquer un tas de ferraille ! Voyez le beau démocrate qui sue sang et eau pour servir une hiérarchie aveugle aux ordres des financiers et des spéculateurs anonymes !

Lazare donna une bourrade au curé :

— Si je peine, c'est volontairement pour améliorer le sort de mes très chers frères les hommes, non pas là-haut, mais ici-bas !

— Lazare Denizot, martyr de la science ! pouffa l'abbé.

— ... Le chemin de fer, pénétrant dans toutes les campagnes, je te le répète, répandra partout les grandes idées !

— Les grandes idées roulent toutes seules et vont loin ! Le christianisme, sans locomotives, sans bateau à vapeur, même sans diligence, a fait une emprise plus grande sur la terre que n'importe quelle idée pourra en faire dans ce siècle !

— Prêche pour ton saint, curé !

— Conte ton conte, homme libre !

Les injures se croisèrent sous la couette, puis elles s'accompagnèrent de horions et enfin, comme il se devait, Lazare se leva d'un bond, pantet au vent, et ficela bel et bien le curé dans les draps, l'entortillant de telle sorte qu'il ne pût bouger et, riant à gorge déployée, le bâillonna d'un polochon à tel point que l'ecclésiastique manqua d'étouffer.

La logeuse, attirée par ce tintamarre, en camisole empesée, armée d'une bougie et d'une paire de pincettes, ouvrit la porte, étonnée qu'un prêtre pût avoir à se battre avec son locataire.

— Que se passe-t-il, monsieur Lazare ? souffla-t-elle.

— Rien, la mère, rien ! triompha Lazare. C'est l'abbé qui chante laudes !

La bonne vieille étouffa un rire, puis : « Vous feriez mieux de dormir, mes enfants ! » dit-elle.

Avant de lui obéir, l'abbé expliqua : « Comme tous mes collègues des paroisses voisines, j'ai reçu la visite d'un homme très bien qui m'a dit : Le chemin de fer démoralise la France, pervertit les hommes... Aidez-moi, monsieur le curé, à lutter contre cette invention du diable... »

Lazare tressauta : Comment était l'homme qui t'a dit cela ?

— Grand. Soixante-dix ans. Favoris. Redingote bleue délavée.

— Etait-il seul ?

— Non. Il était accompagné de deux autres cavaliers, dont une femme. Il paraît qu'il parcourt le pays dans cet équipage...

— Et la femme ? cria Lazare.

— Tu m'assommes. Dormons ! grogna l'abbé.

C'est ainsi que le souvenir de la bohémienne fut ravivé par le frère curé. Plus que jamais, il pensa à cette voix qui lui avait répété : « A Chamechaude, vous viendrez ? »

Au matin, vers les six heures, l'abbé se leva, fit sa toilette et laissa Lazare flemmarder dans son lit. Il gagna la cathédrale. La place Saint-Bénigne, encore mangée par la nuit, était dominée par la masse pâle des deux tours octogonales coiffées de toits pointus. Un grand vent d'ouest venait battre contre l'énorme façade et tournoyait, soulevant les jupes des religieuses, ballonnant les deux ou trois soutanes furtives qui, cramponnées à leur parapluie, entreprenaient résolument la traversée de ce redoutable parvis.

Dans ce noir, le porche faisait comme un trou plus noir encore où brasillait pourtant la lueur des cierges alors que le carillon sonnait la deuxième messe. Il se jeta dans ce havre de tiédeur et y entendit l'office.

A sept heures et demie, fort en avance, comme tous les villageois, il sonnait à la porte de l'évêché. Son cœur battait. Déjà la ruche était éveillée. Le portier lui dit : Monseigneur vous attend ! Et une minute plus tard, il se jetait aux pieds de son évêque, baisant l'améthyste que celui-ci lui présentait.

Le prélat travaillait à son bureau. Il s'écria :

— Mon cher enfant, on m'a dépeint votre zèle, mais certains se plaignent de cette ardeur que vous déployez contre le chemin de fer...

— Mais, Excellence, il n'y a pas d'exemple que les chantiers de constructions n'aient pas amené, dans nos chères campagnes, des ouvriers indésirables qui pervertissent la jeunesse. Quant aux voyages trop faciles...

— Je connais comme vous, mon cher fils, les reproches que l'on fait au « progrès », comme on dit. Mais la hiérarchie ne montre aucun éloignement, au contraire, pour ce perfectionnement et, tout compte fait, pense qu'on peut y trouver l'occasion de glorifier le Seigneur !

— *Locomotivae enarrant gloriam Dei ?* plaisanta le curé de Barbirey.

Le prélat éclata de rire franchement à cette saillie, joignit les mains et reprit :

— Hé oui, mon cher enfant, la fumée des locomotives chante la louange de Dieu, que vous le vouliez ou non.

— Excellence, s'écria affectueusement l'abbé, encouragé par la bonne humeur de son chef, je ne suis qu'un humble desservant des paroisses perdues dans les bois. Si, en chaire, je me suis laissé aller à vitupérer, c'était de bonne foi et je n'avais pas vu le problème comme il convient...

— Mais je n'en doute pas, mon cher enfant.

— ... Mais franchement, continua l'abbé non sans malice, même en cherchant bien, on trouverait difficilement dans les évangiles et dans les Actes des apôtres l'explication de ces pompes païennes dans lesquelles on fait intervenir Dieu à propos de tout, même à propos de la locomotive.

L'évêque sourit finement. Il se sentit visé. N'avait-il pas béni les machines à l'inauguration de la ligne Paris-Dijon ?

— Sans doute, dit-il mais, voyez-vous, ce qui compte, en définitive, c'est que l'on arrive, en toutes occasions, à faire sa part au sentiment religieux qui habite chaque être humain et j'es-

père que vous saurez désormais orienter vos
sermons dans ce sens.

Puis l'évêque se levait, tendait au curé une main
que celui-ci baisait promptement. L'entretien
était terminé.

Lorsqu'il fut de retour à la maison des Marmuzots, le curé trouva Lazare éveillé, assis sur son
lit, les yeux dans le vague ; il s'apprêtait à lui
raconter son entrevue avec l'évêque, mais Lazare
se leva, le regard fiévreux et, à brûle-pourpoint, le
prenant par un des boutons de sa soutane, lui dit :

— Et cette fille, l'abbé, tu l'as vue ? Parle-moi
de cette fille !

Désormais on ne vit plus Lazare Denizot faire
sauter les margotons au bal des remparts. On le
vit même de moins en moins aux « Amis de
l'Auxois » et aux « Enfants du Morvan », où il
faisait entendre, le soir, sa grande voix claironn-
nante.

C'étaient des bouchons du nouveau quartier de
la gare, installés dans des baraques en planches ou
dans les anciennes maisons de carriers des Perrières ; dès la construction de la ligne et du dépôt, ces
établissements s'étaient rassemblés là comme gri-

ves en vignes, pour accueillir, à la lueur de leurs quinquets fumeux, tous ces gens venant de toute la Bourgogne, attirés ici par le chemin de fer.

Il en venait de l'Auxois et du Dijonnais, du Morvan, de la Montagne, du Bazois, de la Terre-Plaine et de la Saône, et même, chose plus grave, du comté limitrophe, de la vallée de la Loue, du Doubs et de la Haute-Saône. C'étaient tous des gars décidés à quitter la terre. En quatre ans le personnel des chemins de fer avait doublé. A Dijon, il était passé de cent cinquante à sept cents et il en arrivait toujours. Sur toutes les routes qui rayonnent autour de Dijon, on les voyait venir, la « malle à quatre nœuds » au bout d'un bâton enrubanné, comme des conscrits, en sabots, chantant.

Le soir, tous ces transfuges, perdus dans le tohubohu de la ville, la tête tournée par le frou-frou des belles filles, les lumières et le tintamarre des trains et des voyageurs, erraient autour des palissades, aguichés par les lorettes de barrières, avec lesquelles ils entreprenaient de gauches et lubriques marchandages, ballottés entre les esta-minets du faubourg Raines, les lupanars des remparts et les inévitables batailles entre les différentes races de la plaine et de la montagne, de duché et de comté ; il se réglait de vieux comptes obscurs hérités de rivalités ripuaires, des concur-

73

rences vinesques, entretenues par d'ancestrales plaisanteries et soutenues, au fond, par de véritables incompatibilités d'humeur et de sang entre les vieilles tribus celtes.

Ils se regroupaient instinctivement, pour faire bloc par couleur de poil et grain de peau ; rien qu'à la façon dont on conjuguait le verbe être on était fêté ou rossé. Tout cela fermentait comme un moût.

Les groupes, enfin las de traîner, ralliaient les pavillons que des aubergistes subtils arboraient à leur enseigne et cela formait des sortes de familles, des sociétés d'originaires, jalousement fermées aux « étrangers ».

Lazare avait ses entrées dans trois auberges où son arrivée créait un silence admiratif. Les nouveaux l'entouraient respectueusement, s'annonçaient à lui par le nom de leur village. Il aimait cette vie où il retrouvait à la fois les bruyants et chauds souvenirs de son tour de France et le parfum de ses pays. Il plastronnait sans vergogne et jasait sans fausse modestie, daubant sur l'un, sur l'autre, persiflant, vantant, ricanant, prophétisant sur tout, en sa qualité de mécanicien de la Crampton 138. Enfin, gavé de bruits, enivré du fumet des meurettes, soûlé de sa propre faconde, il s'élevait jusqu'à l'éloquence. C'était le moment où fleurissait son esprit. Dans une langue rugueuse et bien sonnante, il révisait la politique, jugeait empereur et ministres, ridiculisait les mollesses de Canrobert en Crimée, préconisait Pélissier, refaisait le monde, glorifiait aujourd'hui celui qu'il vilipendait la veille, en pleine euphorie péroratoire, la plus douce au cœur bourguignon pour qui seule compte la joie de vivre l'heure présente.

Ayant dit, il suscitait les chanteurs qu'il connaissait : « Allons, José, tu nous la chanteras, ta faribole ? » Ou bien : « O mon Vincent ! que j'entende ta belle voix ! »

Parfois, il chantait sa complainte. Car il tenait, de sa mère, une vraie complainte. Elle avait vingt-deux couplets et il ne faisait grâce d'aucun. Datant du règne de Louis XVIII, « la complainte de l'orpheline » racontait l'histoire d'une jeune fille malheureuse, et pourtant vertueuse, quoique très belle. Elle avait un tuteur fou qui la contraignait à d'odieuses besognes, chanter dans les rues, par exemple.

Pauvre petite abandonnée,
Seule dans les bois toute la journée
Elle avait chanté vainement

disait la complainte. Fort heureusement un jeune homme droit et courageux, un brave artisan au cœur pur, la remarquait et la tirait de là. Lazare s'identifiait à ce jeune homme. La pauvre petite abandonnée, c'était la « fauvette noire ». Le tuteur fou, c'était ce sabreur excité qui avait nom Joubert. Il se voyait délivrant la jeune fille au cœur pur des griffes du malheureux dément.

Cette bluette larmoyante faisait avec celui qui la chantait un contraste si frappant, et la mélodie douceâtre jurait tant avec cette voix de basse-taille que les convives s'arrêtaient de manger et, les yeux écarquillés, la fourchette en suspens, écoutaient pour reprendre en cœur au refrain sous la direction de Lazare qui marquait la mesure d'un généreux mouvement du torse.

A vrai dire, le spectacle valait son pesant de moutarde.

Là-dessus, le ventre garni, on passait aux bravades, on revenait aux rivalités de canton, aux lazzis de champs de foire qu'on se lance de vallée à vallée, de village à village, de maison à maison. La pauvre teinture latine d'ordre et de logique s'effaçait et c'étaient les Celtes qui apparaissaient, sans fard. Les Celtes des breuils et des rûs. Les longues moustaches roussaudes retournaient à la farouche broussaille, les lourdes tignasses redevenaient touffes d'étoules, la controverse tournait à la rixe, la rixe à l'échauffourée, qui se muait à son tour en bataille. Cela se terminait par une sortie générale dans la ruelle où l'entente se refaisait aux dépens d'une faction de Comtois qui passait par là.

Pourtant, je me redis, Lazare avait abandonné ces frairies. Un jour, il était allé trouver l'ingénieur aux favoris fleuris, et il lui avait demandé deux jours de liberté pour retrouver le Joubert, mais l'ingénieur lui avait fait comprendre que la plaisanterie avait assez duré. Une fois déjà il l'avait autorisé à quitter son « service », comme il disait, et il n'était pas question de multiplier les absences du personnel; par ailleurs les renforts pour la Crimée, réclamés par le général Pélissier, devant passer sur un rythme accéléré, l'intérêt du pays exigeait que tout le personnel qualifié fût à son poste, jour et nuit. Il fallait bien pourtant, disait-il, que les « agents » comprissent qu'ils n'étaient plus dans la culture, ni dans l'artisanat, où régnait le laisser-aller, l'empirique et l'arbitraire et qu'ils devaient s'accoutumer à la discipline et à la méthode, bases indispensables de la prospérité industrielle.

En fait le matériel militaire et les troupes pour la Crimée étaient acheminés par « la ligne ». C'était la première fois que le rail jouait un rôle stratégique. Chaque jour la Crampton remorquait les convois militaires où les soldats souvent bivouaquant sur des wagons ouverts, emplissaient la gare du parfum de leur cuisine.

On hâtait les travaux de jonction, à Lyon, du tronçon Paris-Lyon avec celui de Lyon à la Méditerranée afin que les troupes fussent acheminées sans transbordement entre Vaise et Guillotière. Cette jonction devait permettre de faire Paris-Marseille en dix-neuf heures.

Il circulait d'ailleurs, dans le personnel, des histoires d'espionnage et des rumeurs de trahison. Lazare était le premier à clamer que si le pont, tout neuf, de la Quarantaine, s'était effondré dans la Saône, si cinq des locomotives qu'on envoyait à Lyon par voie d'eau avaient sombré, si les autres étaient retenues dans le canal du Centre par les hautes eaux de la Saône, c'était à la suite de sabotages perpétrés pour entraver l'arrivée des renforts et, aussi, pour nuire au chemin de fer ; pour lui, il fallait chercher les auteurs de ces attentats parmi les mariniers, ces salamandres, ces crapauds qui n'avaient jamais pu digérer le chemin de fer et barbotaient de honte dans leurs péniches condamnées.

En y réfléchissant davantage, il avait eu des sueurs froides en pensant tout à coup que les attaques du Joubert et de son Pandour pouvaient bien s'inscrire dans ce programme de sabotages stratégiques.

Il en fit part à l'ingénieur en lui disant qu'il était le seul à pouvoir retrouver le bivouac de ce brigand :

— On vous interrogera là-dessus, mon brave, avait répondu l'ingénieur, si la police le juge bon. Vous êtes mécanicien et tout ce qu'on vous demande c'est de conduire votre locomotive.

Lazare était reparti vexé. Il avait fait un scandale au dépôt, prenant à partie le Bosco, le menaçant de démissionner le soir même, de quitter une baraque où l'on était traité comme des serfs dont on dit, dans l'histoire, qu'ils étaient rivés à leur terre.

— ... Et nous, disait-il, ne sommes-nous pas rivés à notre ferraille ?... Trois révolutions n'ont pas suffi à nous libérer de l'arbitraire et du bon vouloir du prince ! et nos pères ne se sont fait tuer sur les barricades que pour nous voir asservis davantage...

... Et autres balivernes bien françaises.

Toutes ces audaces verbales ne sont faites, chez nous, que pour le plaisir de l'oreille et la plus grande joie de la galerie. On invente sa fureur au fur et à mesure. Le Bosco ignorait cela. Ancien maître de la marine, Breton silencieux et ponctuel, il prenait chaque mot pour ce qu'il signifiait dans le dictionnaire. Il menaça le forgeron de le révoquer et de le renvoyer à sa forge campagnarde. Lazare claqua plusieurs portes, haussa le ton pour étoffer son personnage et répondit qu'il ne saurait rester une heure de plus dans ce balthazar où l'on comptait pour rien la dignité humaine et les plus nobles conquêtes du peuple.

Une heure plus tard, cependant Lazare astiquait avec ardeur les cuivres de la 138 ; il chantait à tue-tête une rengaine récente qui célébrait les talents d'aéronaute de monseigneur Dupanloup (qui venait d'être élu à l'Académie française). Le Bosco ne comprit pas ce revirement, mais mit au panier le rapport qu'il rédigeait sur ce mécanicien indiscipliné.

4

Lorsque la Crampton 138 arriva à Tonnerre, ce jour-là, un grand tumulte régnait dans l'embarcadère. Un régiment entier, qui était arrivé la veille et avait bivouaqué autour du dépôt et de la gare, sous la neige, rembarquait en hâte dans les wagons alignés le long des quais et en pleine voie.

Lazare pensa : « Moi qui chante partout, à la suite du père Enfantin, que le chemin de fer supprime la guerre et rassemble les peuples, j'ai beau minois ! »

Il stoppa, et, pendant qu'on dételait sa machine, s'apprêtait à aller casser une bonne croûte chez la mère Paillasse, lorsqu'un colonel, accompagné de quelques officiers vint à lui et lui tendit un papier. C'était un ordre de route émanant du ministère de la Guerre.

— Ça veut dire ? demanda Lazare sans retirer sa pipe de son bec.

— Ça veut dire, répondit l'officier, que vous devez d'abord rectifier la position devant un officier supérieur.

— Supérieur à qui ? dit niaisement Lazare qui sentait monter en lui de joyeuses bouffées d'irrespect et l'ivresse incomparable de la mystification.

L'autre monta sur la plate-forme de la machine et continua : « Je vous ordonne de vous mettre à ma disposition en tête d'un de mes convois ! »

— Pour quoi faire ?

— Pour le remorquer jusqu'à Dijon !

— Impossible.

— Vous refusez ?

— C'est la « Crampton » qui refuse.

— Votre machine est en panne ?

— Ma machine n'est jamais en panne, mossieu, mais nous venons de faire cinquante lieues et au bout de cinquante lieues, ma machine, comme toutes les machines, a besoin d'un graissage et je dois refaire un feu...

— Refaire un feu ?

— Oui, mossieu. Le charbon qu'on nous donne ces temps-ci fait les machines boudeuses. Mon compagnon doit gratter, au ringard, le gâteau, trier les bons morceaux à la fourchette, remonter un feu neuf et vider le cendrier, si vous voulez le savoir !

— En gros, combien de temps ? demanda le soldat, impressionné.

— Cinq heures au moins, répondit Lazare en exagérant du simple au double.

— Pas question !

— ... Bien entendu, il me faut refaire de l'eau et du charbon.

— Ne vous en reste-t-il plus ?

Lazare éclata de rire : « Ma parole, mon petit mossieu, dit-il, qu'est-ce que vous imaginez qu'on fait sur les locomotives entre Tonnerre et Dijon, hein ? Qu'on joue à la biscancorne ou quoi ? Avec la montée de Blaisy, mon chauffeur a enfourné trois tonnes de coke dans la gueule de sa petite amie et... »

— C'est bon ! coupa l'officier en se cravachant les mollets. Faites vite !

— Bien, mossieu !

— ... Et veuillez m'appeler « mon colonel », comme tout le monde.

Une demi-heure plus tard, alors que les manœuvres submergés, le panier de cinquante kilos sur l'épaule, approvisionnaient la Crampton, le colonel arriva au pas de gymnastique : « Etes-vous prêts ? cria-t-il.

— Mon colonel veut rire !

— Je vous ordonne de vous mettre en tête du

dernier convoi à l'instant même et je vous prie, jeune homme... »

Il était déjà reparti. On entendait partout des cris et des commandements. Les voyageurs venant de Paris descendaient des voitures pour battre la semelle et se rendaient en cortège chez le chef de gare qui, comme toujours, était le bouc émissaire. « C'est insensé ! Nous voilà bloqués au plus froid de la Bourgogne ! Et pour combien de temps ? »

— Je n'y peux rien, messieurs dames ! Toutes les locomotives sont réquisitionnées pour remorquer les convois militaires. Nous allons faire servir un repas dans la salle d'attente où ronfle un bon feu !

Les soldats, encapuchonnés, le nez rouge, hurlaient des chansons de marche. Quatre locomotives sous pression fumaient. La cuisine de campagne, montée sur un wagon, distribuait le coup de l'étrier, et Lazare, dominant le hennissement des chevaux, braillait sa complainte : « Pauvre petite abandonnée ! »

A midi, alors que la Crampton faisait de l'eau, un officier du genre excité, pistolet au poing, monta sur la plate-forme : « Mettez votre machine en marche immédiatement et allez vous mettre en tête. Ordre du colonel ! »

— Vous le voyez, je fais de l'eau.

— Vous en avez assez ! Obéissez !

— S'il m'arrive de manquer d'eau en route ?

— Vous n'en manquerez pas. Cent cinquante kilomètres seulement nous séparent de Dijon.

— Il y a la rampe de Blaisy, mossieu, vingt-cinq kilomètres de grimpette d'une seule traite. Ma petite amie la Crampton distille cinquante kilos d'eau par heure et par mètre carré de chauffe... et si elle a soif, elle explose, mossieu, de colère...

— Vous avez assez d'eau, vous dis-je. Partez ! commanda l'officier en menaçant le mécanicien de son pistolet.

— Vous l'aurez voulu !

— Je vous en donne l'ordre !

Le colonel, du quai, lança : « Lieutenant de Monligeon, restez sur la locomotive, prenez-en le commandement et ayez l'œil sur ce lascar ! »

Ainsi commença le voyage.

Le lieutenant, arme au poing, tâchait de se caser ici où là, pour échapper au chassé-croisé des deux hommes occupés à charger le feu et à surveiller la ligne. Tout alla bien jusqu'aux Laumes. On attaqua la rampe. Plus on montait, plus le convoi ralentissait. Comme Gissey approchait, Lazare se retourna vers le lieutenant : « Je vous l'avais dit. Mon convoi est trop lourd. J'ai bien l'honneur de vous informer que je vais m'arrêter à

Thénissey pour remplir d'eau mon tender et remonter ma pression. »

— Je croyais que vous aviez une pompe commandée par les bielles qui vous permettait d'injecter de l'eau en marche ?

— Bien sûr, mais pas dans une rampe comme celle-là. L'eau que j'envoie est froide, mossieu, la pression va tomber et ce sera l'arrêt en pleine voie. Et si je n'admets pas d'eau je vais faire fondre le plomb de sécurité. Je m'arrêterai à Thénissey !

— Je vous répète qu'il ne saurait en être question. Continuez ! répondit l'officier en appuyant le canon du pistolet sur les côtes de Lazare.

Lazare pensa : « Avec des entêtés de ce calibre jamais nous n'arriverons au tunnel. Nous sauterons avant ! »

Il décida donc de neutraliser le militaire. On approchait de la station de Thénissey. Lazare, pointant le doigt vers l'avant, s'écria :

— Des sangliers, lieutenant, regardez les sangliers sur la voie !

L'autre se pencha, pour voir. Lazare lui fit alors, du bras droit, une fameuse cravate, le désarma et cria au compagnon : « Les cordes ! »

Un instant plus tard le petit lieutenant était ligoté, bâillonné comme un jasu, étendu dans le coke et recouvert de la bâche dont l'équipe s'abritait de la pluie. On entrait tout juste en gare de Thénissey et trente secondes plus tard le train stoppait, comme par hasard devant la prise d'eau. Pendant que le chauffeur remplissait le tender, Lazare chargeait benoîtement le feu et envoyait de l'eau dans la chaudière en regardant tranquillement monter la pression.

Bien entendu, le colonel arrivait, rouge comme un coq-dinde : Que faites-vous ? — Vous le voyez : de l'eau et de la pression ! — Où est le lieutenant ? — Il est descendu à contre-voie. Il vous cherche. »

Le colonel retourna à sa voiture au pas de gymnastique en hurlant puis il revint : « Et d'abord pourquoi avez-vous stoppé ? »

— Mais... C'est le lieutenant qui nous en a donné l'ordre. Il voulait vous voir ! répondit suavement Lazare.

Les filles du village étaient déjà toutes là, car tous les soldats chantaient à tue-tête :

« Les belles donnez en chemin

« Un p'tit baiser au régiment qui passe ! »

alors que le colon allait et venait le long de la voie en criant : Lieutenant de Monligeon ! et Lazare braillait avec les soldats pendant que montait lentement la pression.

Lazare suggéra au colonel : « Il est peut-être allé où le roi va à pied, dans les buissons ? » Le colonel ordonna quatre patrouilles. Comme chaque fois que des hommes sont commandés par une brute bruyante, il y eut pagaïe. Les imbéciles sont toujours sévères et la sévérité engendre toujours l'indiscipline. En un instant, comme une nuée de sansonnets, les hommes se dispersèrent, feignant de chercher le lieutenant, mais trop heureux en réalité de se dégourdir les jambes et de créer cette délicieuse sensation de désordre, d'irrespect et d'anarchie. La plupart, d'ailleurs, se mirent à arracher les piquets de clôture pour entretenir leurs feux ; certains se glissèrent jusqu'aux poulaillers pour y faire leurs provisions. Il y eut bientôt des hommes jusque sur la place de l'église et dans la salle d'auberge, fleuretant par ci, chopinant par là, sous couleur de chercher leur cher lieutenant.

Admirable don de conquête de l'armée française, ou plutôt du troupier français ! Ces soldats firent des trouvailles sensationnelles. L'un rapportait une lessiveuse, l'autre un étau, l'autre un tramail, un mécanisme d'horloge, un cochon de lait, deux bottes de haricots secs, un panier de savon, une culotte de femme, des bouteilles de vin, des poulets, un drap mouillé, une chaise...

De Thénissey, pauvre village, les incomparables guerriers français firent surgir des trésors, même un perroquet qui fut adopté sur l'heure, mais de lieutenant, point.

Le colonel prit une fière décision : « Je fais sonner le rassemblement. Vous démarrez ensuite. Pas d'histoire ! Exécution !

Le clairon sonna. Le colonel écouta gravement s'égrener les notes vibrantes. Lazare pensait : Quand on se représente que c'est entre les mains de ce carnaval que tous ces braves gars sont obligés de placer leur vie, leur belle vie, on ne s'étonne plus de rien !

Le colonel consulta sa montre et donna l'ordre : « En avant ! »

— D'accord, répondit Lazare, maintenant on peut partir, je suis au timbre !

Et l'on partit.

Le lieutenant fut délié peu après, meurtri, à demi mort d'étouffement sous les essuyages gras qui le bâillonnaient. Pour le remettre en vie, Lazare lui donna un quart d'un fameux petit vin de Marsannay qu'il tenait dans son coffre, en lui disant :

— Pardon excuse, mon petit lieutenant, on a malmené ton honneur d'officier, mais moi aussi j'ai mon honneur de mécanicien et ce n'est pas ton colonel qui me fera faire une faute profession-nelle !

— Vous serez jugé, murmura le lieutenant en se frottant les côtes, vous serez jugé !...

— Plutôt le conseil de guerre que faire fondre les plombs ! répondit Lazare.

A l'arrivée à Dijon, à peine le lieutenant est-il allé se présenter au colonel qu'un peloton, quatre hommes et un caporal, commandé par le colonel lui-même, vient procéder à l'arrestation de Lazare Denizot. Lazare prend le temps de jeter le feu, de gratter la grille, tout en récapitulant le catéchisme des braconniers. Primo : ne jamais se laisser arrêter par quelque autorité que ce soit. Secundo : Un homme seul prend toujours le meilleur sur une escouade. Je file !

D'un bond il est à terre, se faufile entre deux machines, disparaît derrière le bâtiment de la commande, reparaît sur le toit de la guérite. On le voit sauter la palissade et c'est tout. Le colonel reprend conscience : « Mais il s'échappe ? Tirez ! Mais tirez donc ! » On tire. N'importe où. Le chauffeur profite du désordre pour disparaître à son tour. C'est fini.

C'est ainsi que Lazare Denizot, le maître mécanicien de la ligne Auxerre-Lyon, se mit hors la loi. Il se garda bien de paraître au dépôt le lendemain car les amis vinrent lui dire que le régiment n'avait pas encore quitté la ville. Au lieu de rester chez lui, il sauta dans les friches. Le soleil se levait alors qu'il marchait en direction de la ferme de Chamerey. Il était tombé, pendant la nuit, une neige gelée qui craquait sous ses pas. Lazare, le baluchon au bout du bâton, chantait à perdre le souffle. Il gloussait : Te voilà libre, Lazare, comme au temps du trimard ! Marche donc beau merle, et va retrouver ta fauvette noire !

Il piquait en droite ligne sur Chamechaude. En pensant à l'ingénieur à favoris, il éclata de rire. Le bruit qu'il fit réveilla la crécelle d'une bande de sansonnets qui se régalait de gratte-culs mortifiés par le froid : « Ah, vieille cancouenne, tu ne voulais pas me donner deux jours pour aller voir la fille du Joubert ? Eh bien je les prends, mon udlère, je te fais voir mon excuse et je mène le petit au bout !

Il employait là les expressions mystérieuses du jeu de tarot, qui est le jeu bourguignon.

— ... Et si tu ne me rembauches pas, vieux carimentran, j'irai prendre du service n'importe où, à Nevers, à Clermont d'Auvergne, à Haguenau, à Paris, partout où l'on construit des lignes de chemin de fer et où les chevaliers du chaudron font la prime !

Puis il se berça de phrases bien douces au cœur

dès hommes forts : « L'aura besoin de moi, l'ingénieur ! S'apercevra que Lazare Denizot, le fils de la Raison, n'est plus là !... Et au bout de ta promenade, il y a une fille ! Et quelle fille, vains dieux !

Il s'engagea bientôt dans les bois glacés où chuintait le vent, puis, sur les midi, il supputa qu'il n'était plus très loin de Chamechaude : il soigna sa mise, frisa sa moustache et avança.

C'était une combe vide comme une coquille de grillon mort. Pas de route, pas de chemin, pas de sentier. Il marchait au jugé. Au fond, une barre de monts raides comme une brosse, frisée de petites rochettes grises. Il s'arrêta : le grand silence. Il s'ébroua comme un étalon en chaleur. Ayant avancé encore, l'entrée du château de Chamechaude lui apparut : Deux pylones de pierres écornées, une grille dégondée, une pelouse mangée de ronces et, par-dessus, une façade solitaire, comme gelée par le grand froid. Entre les buissons dormaient les chevaux, le dos tourné au vent.

Lazare s'engagea dans une fondrière qui avait été une allée et, débouchant devant le perron éboulé, fut salué par le récri de trois vautraits qui l'acculèrent à un vieux mur. Il fit le moulinet du bâton et ainsi s'avança jusqu'aux marches.

La porte s'ouvrit. Une moustache apparut : « Salut, vieux moujik ! » cria Lazare. C'est à ce moment que la fille se montra. Elle fit taire les chiens, calma Dislas et, merveille, sourit.

— Bonjour !

— Bonjour !

— Je vous attendais ! dit-elle.

L'accueil de Joubert fut tout autre : « Encore vous, le malfaiteur ? que venez-vous faire ici ? Qui vous a montré le chemin jusqu'à nous ?

— Papa Joubert, écoutez-moi... commença Lazare. La fille eut un geste. Le colonel se retourna vers elle :

— Je sais qui nous a trahis ! cria-t-il en la désignant du doigt. La femme répondit en une langue étrangère qui devait être de l'espagnol. Joubert devint cramoisi. Il empoigna la lourde chevelure de sa fille et levait l'autre main pour la frapper, mais déjà Lazare l'avait abattu d'un coup droit au menton en disant : « Pardon excuses ! »

Dislas accourait sabre au clair.

Comme chaque fois qu'il se lançait dans une bataille, Lazare, gonflé de vie à péter, se mit à pousser un cri très aigu qui s'en alla mourir dans les combes, puis il cribla le pandour de tout ce qu'il put trouver. Sur le feu, à même le sol dallé, glougloutait une gamelle. Il la prit sans hésiter et la lança avec tout son contenu. Le soudard la reçut en pleine poitrine et le bouillon brûlant lui éclaboussa le cou et la tête.

Lui aussi se mit à hurler, mais c'était de douleur. Il avait lâché son sabre pour se protéger le visage.

Lazare fut sur lui ; il l'étendit d'une manchette, se redressa et regarda la fille : elle enfilait une houppelande de hussard, nouait aux quatre coins une serviette contenant ses nippes, ouvrait la porte et sortait sur le perron.

Elle coupait les entraves des quatre chevaux, en retenait deux par la bride, enfourchait le jaune et, piquant des deux, disait à Lazare : « Prenez le rouge ! »

Lazare, d'un bond, fut sur le rouge et se lança aux trousses de la fille qui mena un train d'enfer pendant une heure.

Ils traversèrent ainsi les friches de Chamechaude, coupèrent celles de Bécoup et arrivèrent en vue de la vallée où passait la patache de Dijon. Là, elle sauta à terre, donna une tape sonore sur la croupe des chevaux en criant : « Retournez au diable ! Allez ! ». Les deux bêtes se cabrèrent et repartirent au galop. C'est alors seulement que la « bohémienne » se retourna vers Lazare et, de sa voix d'oiseau blessé, gazouilla :

— Comme vous avez mis longtemps pour venir me chercher !

Le lendemain, il se présentait au dépôt souriant et fleurant bon le vinaigre de toilette :

— Pourquoi n'avez-vous pas assuré votre service hier ? lui demanda l'ingénieur.

— Mon ingénieur, répondit-il, j'étais menacé d'arrestation par ce fou de colonel... J'ai attendu que son régiment ait quitté la ville. Savez-vous qu'il était dans le cas de me faire fusiller ?

— ... Et vous, savez-vous que l'Empereur vient de prendre des mesures qui ressemblent fort à la loi martiale ?...

— Diable !

— ... et que vous êtes suspect de sabotage et de trahison !

— Bigre !

— Injure à un officier supérieur, rébellion ! Quelle génération !

— Et ma locomotive ? Elle compte pour du beurre ? Devais-je la tenir pour rien ?

— Votre locomotive vous importe peu, puisque vous l'avez abandonnée hier toute la journée ; elle se passera désormais de vos services...

— Mais...

— Vous êtes révoqué !

Lazare eut un haut-le-corps et bomba le torse :

— Moi, Lazare Denizot ? Le meilleur mécanicien de la ligne ! Vous irez en chercher des gars qui risquent leur peau, rossent un lieutenant, jugulent une dangereuse baderne et frisent le peloton d'exécution pour « le service », comme

95

vous dites... Je sors ! Je quitte la compagnie, mossieu, je retourne à ma forge, dans mon village faire sonner l'enclume et chanter le soufflet et que le pape me hongre si l'on me revoit jamais sur vos chantiers de misère ! Adieu !

Oui, c'était un homme pas commode le Lazare Denizot. Il était bien de son pays :

Châteauneuf, ce nid d'aigle perché au-dessus du défilé de Vandenesse, entre Morvan et Arrière-Côte. Il s'était dit : Je fais mon baluchon, j'emmène ma bohémienne, j'en fais Mme Denizot et je redeviens maréchal-ferrant entre ma cour et mon verger, sous le toit des aïeux, sans ingénieur, sans colonel, sans empereur !...

Las ! Dès le lendemain matin, à l'heure habituelle, il entendait un sifflet de locomotive, il reconnaissait la voix de sa Crampton et disait : « C'est la façon de siffler du Chanut. Et dire que c'est ce pignouf-là qui va faire Dijon-Tonnerre à ma place ! Quelle misère ! » — Et toute la journée, il avait tourné comme un marcassin dans une cuve.

Pourtant, la bohémienne était là. Le sort en était jeté. Il l'avait confiée à sa logeuse, la mère Mercusot, qui l'avait logée dans la chambre de sa fille. Elle y avait installé ses frusques, mais elle vivait à sa façon de sauvage, dehors, dans le clos, toute la journée, par les plus grands froids de cet hiver 57, même pour y couper les raves des lapins et broyer, de ses belles mains brunes, la pâtée des poules.

Qu'elle fît la vaisselle, épluchât les légumes ou restât de longues heures à rêver, assise sur ses petits talons nus cuirassés de jolies callosités ambrées, elle était pelotonnée près du feu de bivouac qu'elle avait construit en plein air, dans le verger, près des cordes à linge.

Ne sachant se servir d'un fourneau, elle faisait tout sur ce feu de campagne, savamment érigé entre deux pierres, disposant tout autour les gamelles et les pots, chassant, d'un beau geste, les poules qui s'en approchaient et, chantant, dansant, tapait dans ses mains pour se réchauffer.

Lazare la retrouvait là. Lui aussi fils du vent et de la pluie, rôti par le soleil et par son foyer, tanné par la vitesse et la fumée, il était à son aise dans ce creux de terre gelée.

Parfois, lorsqu'elle le voyait triste en pensant à sa locomotive, elle se mettait à tambouriner sur une casserole et à danser. Lui se levait et, mettant les mains au-dessus de sa tête, il les frappait l'une contre l'autre en tapant du pied alors que la mère Mercusot qui les regardait riait de tout son cœur.

La bohémienne dansait ainsi pendant des heures, puis, pas même essoufflée par ses tournoiements, elle s'accroupissait et peignait ses cheveux bleus, alors que le parfum de sa sueur envahissait l'âme de Lazare. Il s'approchait alors, et elle parlait.

Un jour, elle a bien ri lorsqu'il lui a dit qu'il l'avait prise pour une bohémienne.

— Je ne suis pas bohémienne. Mon père a connu ma mère au Mexique.

— Qu'est-ce que le colonel est allé faire au Mexique ?

Alors elle lui a raconté sa vie. Et d'abord la vie de son père, le colonel Joubert ; et cette vie vaut la peine qu'on la savoure en passant :

Il est né en 1783. A seize ans, il s'engage dans l'armée d'Italie. Lorsque Napoléon fait son coup d'Etat, Joubert est caporal. A Marengo il est sergent, lieutenant en 1804, capitaine en 1809, commandant en 1810, colonel à Waterloo. Il est parmi les 13 000 hussards de Grouchy qui manquèrent le rendez-vous. Il mangeait des fraises dans un jardin, avec les officiers de son escadron au moment où Blücher culbutait la Garde. En somme, il doit peut-être d'être en vie à sa gourmandise.

Son dieu : Murat. Sa passion : le cheval.

En 1816, il s'expatrie, comme tant d'autres et gagne l'Amérique du sud pour servir sous Bolivar.

Il y reste six ans, y épouse une princesse indienne qu'il a connue au siège de la Nouvelle-Grenade. Il revient en France en 1822, avec sa femme. Obtient le bénéfice de la demi-solde et tombe en pleine Charbonnerie. Il trouve là sa véritable vocation, car c'est un conspirateur né. Désormais il vivra dans la conspiration. Lorsque la Charbonnerie disparaît, il continuera, pour son propre compte. Il se cache à Paris, dans les Cévennes, dans les Vosges, en Vendée, se trouve mêlé à la conspiration de Saumur, à celle de Colmar.

Il traîne sa femme partout avec lui, se cache avec elle pendant des années dans les mas abandonnés, dans les grottes, à l'hôtel, vivant de sa demi-solde, de rapines, de cueillette, se déplaçant à cheval, toujours à cheval, aimant ses bêtes par-dessus tout, leur sacrifiant son propre confort et celui de son épouse.

Enfin, c'est 1830. Aux derniers jours de juin, il est à Paris, se fait reconnaître aux insurgés et prend le commandement d'un secteur. En 1831, le voilà parti en Pologne où l'attire le bruit de sabre de la révolution polonaise. Il n'a aucune préférence. Il choisit, par hasard, le camp polonais. En novembre 31, après l'écrasement des Polonais par les Russes à Varsovie, il revient en France, non sans ramener avec lui un faucheur de la mort, Ladislas, à qui il a sauvé la vie et qui lui a voué un dévouement slave.

Il a quarante-huit ans. Il est las. Il se souvient alors que son père lui a laissé quelques propriétés en Bourgogne : une ferme et une maison de maître, assez délabrée, où il vient se réfugier et vivre une vie de petit hobereau paisible et éclairé. Mais aussitôt encaissés les arriérés de ses fermages, il achète des bottes neuves, des harnachements et l'on disparaît. On dit que l'on retourne à Paris, mais en réalité, on reprend la vie picaresque, on s'installe dans une ruine abandonnée, en respectant les ronces et les épines qui seront la meilleure défense contre les indiscrets : c'est Chamechaude.

Les chevaux, entravés à la façon indienne, paissent alentour et les geais, sachant que Dislas est là, s'écartent prudemment car le Polonais, pourvoyeur du quatuor (Incarnacion est née), a un faible pour la soupe au geai qui devient la base de la nourriture, le plat national de la tribu Joubert.

Mais paraît le chemin de fer.

Le cavalier se hérisse alors. Son amour pour le cheval est blessé. Son ardeur belliqueuse se réveille et, lentement, grandit sa folie.

Dès qu'on parle de construire la ligne impériale, il parcourt le pays, cherche à soulever la population contre « le Monstre », comme il dit. Il fait des conférences sur les places publiques en parcourant les campagnes bourguignonnes, rhodaniennes, faisant halte dans les villages traversés par le tracé. Le soir, il attire les curieux par une exhibition d'exercices : un numéro de dressage, une reprise de manège avec voltige de pied ferme et voltige au galop, puis toutes les techniques équestres qu'il a apprises en campagne, dans toute l'Europe et en Amérique.

Dislas s'exhibe dans des exercices de dressage libre, avec chant de tsénia et cris cosaques, puis c'est Incarnacion qui fait de la haute école sur une jument pie. Ils terminent tous les trois par une charge, sabre au clair, une charge ahurissante contre des fantômes, dans la nuit et sautent pardessus de grands feux, en hurlant.

Tout de suite après, Joubert prend la parole. C'est pour flétrir ce qu'il hait : la bêtise prétentieuse des techniciens, l'aveugle candeur de ces techniciens besogneux et surtout la rapacité des ingénieurs qui n'hésitent pas à couvrir le sol de France d'une bruyante ferraille génératrice de désordre, de cupidité et d'immoralité. Il termine en chantant la gloire du cheval, la supériorité du roulage, la souplesse de la cavalerie légère et la noblesse de l'homme de cheval.

Toute l'enfance d'Incarnacion se passe en ces monstrueuses fouteries intermédiaires entre le cirque et le meeting politique. On mijote, entre deux pierres, des rogommes bizarres, métissage curieux des cuisines indienne, espagnole et carpathique. Incarnacion ingurgite tout cela à croupetons, dort roulée dans des défroques de l'armée impériale et des châles mexicains. Elle est experte à préparer un picotin, à fignoler un pansage.

Dès ses seize ans elle sait même forger et ferrer. Dislas lui enseigne la braconne et l'hippologie. Par sa mère, elle connaît la magie, les herbes et la médication homéopathique des pueblos.

Son père bourre son joli petit crâne de récits de batailles. Il la confit dans un amour viril pour le cheval, entraîne ses nerfs et son oeil. Il dompte d'ailleurs ses deux femmes par une discipline régimentaire pimentée de sévices slaves et de cruautés aztèques. La mère en meurt, mais le sang mêlé de la petite résiste à merveille à cette vie de camp-volant et aux climats de ces régions solitaires où son père cherche sans cesse refuge.

Aux discours le colonel Joubert fait succéder les actes. Il ne se contente plus de vitupérer les chemins de fer, il décide de les attaquer. Il entreprend une campagne.

— Ma trente-deuxième campagne, clame-t-il, sera pour libérer le continent des folies du siècle et

102

ramener l'âge d'or de l'artisanat, de la mesure, de la raison, du silence... et du cheval !

Il a passé la soixantaine. Sa gloriole d'officier et ses souvenirs de sabreur se mettent à fermenter dans sa tête. Il lui arrive de confondre le Mexique et la Pologne. Tous ses adversaires surgissent, en désordre, de sa mémoire et il est rare qu'il sorte de cette espèce de délire dans lequel il s'entretient grâce à l'eau-de-vie.

Enfin Joubert exige qu'Incarnacion se joigne à eux dans leurs expéditions et lui enseigne, dans ce but, l'escrime au sabre. Il la rudoie pour l'obliger à prendre une part active à l'attaque des trains.

C'est alors que Lazare apparaît.

Elle n'a jamais vu de très près un jeune homme. Tout de suite, ce Celte aux cheveux noisette, aux moustaches blondes, aux pommettes un peu saillantes, aux yeux simples, la met en transes. Il se bat avec la bravade gauloise. Il a une voix de clairon, une fougue de coq, une pointe de vanité qui lui donnent le mordant et le panache, une sorte de faconde pudique où l'amour de la bonne chère bourguignonne entremêle sa truculence et son cynisme.

Elle le voit arriver, se battre, puis repartir. Elle lui demande de revenir et il revient. Alors elle est folle de joie. Elle n'en montre rien, car son sang peau-rouge lui dit qu'il faut admirer le mâle en silence.

Lorsqu'il arrive, elle est prête, elle le suit.

Voilà ce qu'Incarnacion raconte à Lazare, le soir. La mère Mercusot, qui écoute, s'exclame : Mon Dieu ! J'espère qu'il y a de drôles de mondes, quand même !

Et Lazare est sur le point de dire à Incarnacion :

— Vous allez rester bien sagement chez la mère Mercusot, et quand j'aurai trouvé un nouveau gagne-pain, je vous épouserai...

Ou bien : « Je retourne à Châteauneuf, je rouvre la forge familiale, on passe devant le maire et le curé et nous vivons là-bas bien tranquilles...

Mais il est dérouté par cette fille et sa prudence paysanne lui met un plomb sur la langue. Il se tait. Il fait une drôle de moue.

— On verra ! pense-t-il.

S'il avait gagné Châteauneuf comment aurait-il pu, du haut des Marmuzots, venir voir sa Crampton et l'entendre juter d'aise avant d'aller se mettre en tête ?

Il était pincé, ficelé, emballé par la passion de la

bielle, la fièvre du piston, le vertige de la vapeur. Il resterait désormais jusqu'à sa mort dans les villes où il y avait une gare, un dépôt et l'odeur fumeuse des voyages. Il le sentait maintenant.

Le besoin de gagner son pain joint à l'amour du fer et du feu le poussa à s'embaucher à la forge Matruchot qui se tenait rue Notre-Dame. Non pas une de ces forges ferrantes, ouvertes à tous vents et à toutes gens, mais un atelier de ferronnerie où quatre grouillots s'affairaient autour de cinq compagnons forgerons et trois serruriers fins. Il sortait de là des grilles et des balcons qui étaient de purs chefs-d'œuvre et même quelques propriétaires faisaient exécuter maintenant, en fer, des tonnelles, des chaises et des tables de jardin, des treilles et, chose bizarre, des sortes de pavillons métalliques qu'ils disposaient au-dessus d'un petit monticule de rocailles au fond de leur jardin. La mode s'en était répandue dans l'élite bourguignonne depuis qu'un jeune Dijonnais, élève de l'Ecole Centrale, nommé Eiffel, avait fait fabriquer un de ces édicules. Ce jeune homme était d'ailleurs un assidu de la forge de Matruchot. Pendant ses vacances de Centralien, il venait y passer ses journées, ne dédaignant pas d'y faire sonner la bigorne.

Maintenant qu'il était ingénieur, on l'y voyait

moins souvent, mais il prenait plaisir à jaser avec les compagnons.

Il fit connaissance de Lazare alors que le forgeron brasait l'épi d'une grille. Eiffel le regarda faire un instant. Il vit ces grosses pattes se saisir de la pince et du marteau, il vit ce pouce cambré se refermer comme une tenaille et tout de suite il fut conquis par la façon dont l'homme prenait le fer rouge, le regardait, le martelait. Il admira la cadence. Il vit la grosse barre de fer se modeler, se courber, se partager, s'effiler par enchantement comme ces plantes que l'on voit surgir, s'ériger, se gonfler et éclore en un instant, au premier soleil. Il apprécia aussi cette science du feu, cette parcimonie pour le recharger, cette amoureuse délicatesse pour l'ouvrir et le refermer, comme une grosse fleur ardente qui obéit au souffle d'un dieu.

Eiffel profita de ce que l'artiste faisait chanter le soufflet pour lui dire :

— Vous aimez le fer, monsieur ?

Une heure plus tard, les deux hommes étaient de grands amis. Eiffel disait : L'Avenir est au fer, compagnon !

Foin de la lourde fonte et des pénibles travaux de fonderie !

— Bien dit, maître !

— Des ponts en maçonnerie ou en fonte ?

Compagnon, croyez-vous qu'on en fabriquera longtemps encore ? Non ! Le temps approche où les ponts les plus longs seront en fer !

— En fer, maître ?

— Oui. On les móntera pièce par pièce, comme une araignée fait sa toile. Le fer est souple, élastique... Le fer...

Et ils communièrent dans l'amour de la ferraille pendant que la famille Jacquemart, du haut de la façade de Notre-Dame, égrenait les heures, les demies et les quarts.

Bien que le dernier venu à la forge Matruchot, Lazare en fut tout de suite comme l'âme ; la cocasserie de ses dires mettait les esprits cul par-dessus tête. Le soir, on restait près des feux agonisants, on éteignait la camoufle et, éclairés par le rougeoiement des cendres frisées comme des morilles, on se faisait dorer la face, alors que Lazare parlait. De quoi ? Mais de la Crampton, des aventures de route, vraies au début, puis, comme il se doit chez un Bourguignon, un peu moins exactes au fur et à mesure qu'allait le récit, pour finir en épopée, en fiction, en triomphe, en apothéose puis en panégyrique du chemin de fer.

Bientôt, à la forge Matruchot se créa une académie ferroviaire dont Lazare était comme le recteur. On lui posait des questions sur tout et il répondait. Parfois, pris de court, il disait : « Ce serait trop long à vous raconter ce soir. Demain, nous en reparlerons ! »

Il remontait bien vite aux Marmuzots, ouvrait le livre de Marc Seguin ou les gazettes scientifiques et, le lendemain, sifflotant, disait :

— Vous m'avez demandé hier en quel métal on contruisait les entretoises de foyer...

Et il récitait sa leçon sur la supériorité du cuivre sur l'acier, sur certains alliages au manganèse qu'on était en train d'éprouver. Un soir, alors qu'il racontait l'affaire du lieutenant, la conversation tomba sur l'explosion fréquente des chaudières. Lazare aborda le problème de la vaporisation. Avec la craie du traceur, et prenant une tôle comme tableau noir, il commença :

— Avec une pression effective de douze kilos par centimètre carré, l'eau est à 191 degrés. Cette température tombe à cent dès que cette pression cesse et la chaleur qu'elle abandonne se transforme partiellement en vapeur... Calculons donc le volume de vapeur libéré...

Il se gargarisait de ces phrases apprises par cœur dont il s'imprégnait avec une sorte de rage. Comme tous les compagnons de l'époque, il sentait que, sous peu, il ne suffirait plus de savoir tortiller le fer et braser les grilles, connaître les quatre règles et avoir une belle écriture. Pour être pris au sérieux, il allait falloir employer de grandes formules. Le règne de l'ingénieur arrivait, il le sentait, et le maître ouvrier, avec son empirisme, ses traditions et son habileté manuelle, allait devenir la risée de ces messieurs les économistes.

Ainsi commençait le calvaire de l'artisanat. Lazare tentait de faire contre mauvaise fortune bon cœur, poussant la naïveté jusqu'à copier le langage savant. Le Père Matruchot était effrayé par tous ces chiffres. Il disait :

— « En faut-il des simagrées pour traîner des voitures sur deux bouts de fer ! »

Les forges, en révolution, devenaient les derniers salons où l'on cause.

5

Pour avoir souffert des intempéries et tremblé de voir exploser les plombs de sa Crampton, Lazare avait deux dadas : L'abri qu'il fallait construire pour protéger le mécanicien et le chauffeur et un dispositif permettant l'approvisionnement en eau de la chaudière à l'arrêt.

Il ne lui fallut pas longtemps pour concevoir un écran en tôle qu'on fixerait à l'avant de la plate-forme ; puis, avec un mécanicien, son ancien collègue, nommé Jeandrot, il attaqua l'idée d'un injecteur pour la chaudière.

Jeandrot était un bonhomme perspicace et avisé, vieux Dijonnais au nez bossu et tordu, à la grande bouche moqueuse, grand amateur de calembours. Il parlait peu et sabrait les peigne-culs de froides et coupantes plaisanteries. Son bon sens transcendant coupait net les élans et les enthousiasmes avec un bruit sec de cisaille. Il y avait en lui du Piron et du Diderot, dont il avait la tête d'oiseau et le regard pétillant.

Il buvait avec délectation et parcimonie en disant : « Il faut jouir beaucoup de peu et non jouir peu de beaucoup. » Pour décider de choses graves, il ouvrait une bonne bouteille, se versait un demi-verre, pas plus, et dégustait savamment en disant : « De l'intelligence la clef est sur la langue. » Et enfin cette phrase, digne de La Rochefoucauld : « L'eau est pour les vins ce que l'instruction est pour les hommes : elle gâte les bons et n'améliore pas les mauvais ! »

Sa morale avait deux racines : L'amour du travail bien fait et la gastronomie, « ce qui est tout un » disait-il.

C'est avec cet homme-là que Lazare travaillait à l'injecteur dont l'idée le tenaillait. Ils y mirent leurs veilles libres de plusieurs mois.

Au début, Lazare quittait la maison Jeandrot sur le coup de dix heures, rue Chaudronnerie, mais un jour, Jeandrot lui dit : « Il pleut à pleine golotte, tu ne vas pas remonter dans tes roches par un temps pareil ? Reste coucher ici ! »

Et Lazare prit l'habitude de terminer la nuit chez Jeandrot. Il s'y sentait à son aise, entre la mère Jeandrot matrone experte en mitonnages et civets et le vieux qui racontait des nouvelles du dépôt et des ateliers du chemin de fer. Par lui, Lazare avait encore un pied sur les machines.

Par la porte de la cuisine, il apercevait Caroline, un tendron de dix-huit ans qui, comme une petite poulette, gagnait son lit sur le coup de huit heures, une fois la vaisselle torchonnée. Quelquefois, c'était elle, excessivement rougissante, qui venait servir le petit verre de cassis et les nonettes ; mais dès qu'elle avait posé le plateau, elle s'éclipsait comme une souris devant matou.

Un soir, Lazare ayant entendu un léger bruit du côté de la porte, se retourna brusquement : il vit, dans l'entrebâillement, l'œil noisette de Caroline qui le regardait. Il lui fit un signe d'amitié, mais la petite avait déjà disparu. Pensant à Incarnacion, il eut un pincement au cœur.

Souvent Jeandrot devait se coucher très tôt pour prendre son service à quatre heures du matin. Il laissait Lazare au travail, se dévêtait prestement et, tout pétillant de jurons, se glissait dans son lit en éclatant de rire et en disant : « Compagnon, voilà l'heure de la vérité ! » Et, à mi-voix : « La plus belle invention humaine : le lit » et là-dessus il se mettait à ronfler (prompt sommeil, récompense des âmes pures), alors que les femmes souriaient de l'entendre.

Lazare restait à la table où il avait installé ses

papiers et il regardait les deux femmes préparer le « panier » du bonhomme.

Ce panier était une sorte de cabas en jonc, caparaçonné de vernis noir et doublé intérieurement de molleton. Le couvercle était renforcé d'une toile huilée. C'était l'ancien cabas des paysans qui, lui aussi, s'était adapté aux nouveaux usages.

Caroline y plaçait une timbale de ragoût, un fromage sec de la montagne, des noix, des pommes et un morceau de lard enveloppé dans une serviette bien blanche. Elle faisait ensuite une pâte de goujère alors que la mère chargeait le feu. Un quart d'heure plus tard les goujères sortaient du four. Caroline en mettait une dans le panier, une autre dans l'armoire.

Un jour, Lazare vit qu'elle en avait préparé une plus petite. Elle la plaça près de lui dans une assiette en disant :

— Vous mangerez bien ça pour vous soutenir ?

— Je ne suis pas le pape, pour manger seul, nous la croquerons ensemble, Caroline !

Ils la partagèrent en frères, en riant.

Une autre fois, ce furent des casse-dents, puis des pains d'épices, des tôt-faits, des corniotes, des massepains, des meringues. Elles en bourraient le panier du père puis empilaient le surplus sur un grand plat de terre et la mère Jeandrot disait :

« Mangez, monsieur Lazare, ça vous fera amender ! A votre âge... ! »

La bouche pleine, il monologuait : « La maison du Bon Dieu, ici ! Vous me consolez de mes misères !

— Vous avez des misères, monsieur Lazare ? demandait Caroline.

Il la regardait alors en soupirant : « J'aime bien la forge, mademoiselle Caroline, mais de ne plus être sur les machines, mon sang se tourne ! »

Et Jeandrot, sous sa couette, derrière les rideaux à fleurs du baldaquin, ronflait de toute son âme.

Lorsque Lazare rentrait aux Marmuzots, las ! c'était une autre note. Incarnacion, le plus souvent, se tirait les cartes sur la planche à laver, à l'abri du talus, près de son feu de bivouac où mijotait un brouet de roulotte, aux parfums bizarres. Ragoût de hérisson, soupe d'orties, fricassées d'écureuil, mais elle encombrait ses roux d'épices inattendues et les noyait ensuite dans des marmitées d'eau où chairs et racines se morfondaient, délavées d'ennui.

Lorsque Lazare arrivait, elle ne faisait pas un mouvement. Seuls, ses yeux devenaient brillants. Il venait à elle et, avec ses façons de grand chef gaulois, lançait :

— Alors, la belle, on se civilise ?

Elle riait en silence, belle comme une léoparde. Elle ne savait trop si elle devait le poignarder ou se traîner à ses pieds.

Il donnait quelques écus de plus à sa logeuse, tous les mois en disant : « Il faut lui remplir son joli petit ventre, la mère ! » — Et la mère répondait :

— Vous êtes bon, Lazare. Cette fille s'est entichée de vous, mais c'est une sauvage ; elle ne sait même pas son credo ; ce n'est pas du monde pour vous ! »

Il enflait sa voix : « Et moi, si je veux peloter le diable ? Je suis libre, non ? »

— Vous ne pelotez rien du tout, criait la vieille, vous êtes trop honnête pour séduire une fille qui est votre obligée ! (Il riait aux grands éclats.) Je vous connais, allez. Flambard comme ça, mais bon enfant ! On voit que votre mère était une sainte femme !

— Laissez ma mère, allez, son temps est bien passé !

Et il continuait à nourrir cette fille, alors qu'elle, fièrement, chantant et tirant les cartes, vivait dans son ombre, attendant qu'il prononçât un mot.

Parfois, pour l'attendre, elle mettait une parure d'or, sa seule richesse : un frontal, large de deux doigts, et un pectoral fait de trois motifs étranges, un sur chaque sein et l'autre au centre, figurant des sortes de monstres griffus.

— Vous avez là une drôle de trinité, lui dit un jour Lazare.

— Ce sont trois dieux, en effet, ou plutôt trois formes d'un dieu unique que mes ancêtres adoraient, jadis, au Mexique.

— Trois dieux dans le même ? s'étonna Lazare, plutôt trois diables !

— La trinité est un mythe universel, scandat-elle durement, les catholiques n'en ont pas le monopole !

Ces deux phrases furent comme deux coups de dague.

Au début, avec la pétulance que lui inspiraient les jolies filles, il avait tenté de la lutiner. Elle avait bondi farouchement pour s'écarter de lui. Elle l'avait ensuite regardé ardemment puis, alors qu'il battait gauchement en retraite, elle lui avait souri et, le soir même, lui avait apporté son linge propre, plié à sa façon.

Quand il était remonté dans sa chambre, il avait trouvé, dans un vase, un bouquet de roses de Noël sauvages, ces hellébores, fleurs capricieuses des friches qui ont choisi de pousser où rien ne pousse et de fleurir alors que rien ne fleurit. Tout de suite, il avait compris que ce n'était pas une intention de la mère Mercusot. Quand il avait revu Incarnacion, il lui avait dit :

— Merci pour le bouquet. Ces fleurs vous ressemblent.

— Parce que c'est l'herbe aux fous ?

— Parce qu'elles sont courageuses.

— Et paradoxales ?

Après ce mot savant qu'il connaissait, certes, pour l'avoir lu dans Michelet et Marc Seguin, mais qu'il n'employait jamais, il s'était tu. Il sentait que cette fille, née en dehors de ses traditions, n'avait que trop tendance à se croire exilée parmi les hommes. Il la prit par le bras et lui dit : « Ce soir, je vous emmène danser. Mettez vos bijoux, vos châles et tout. Je veux faire endêver tout le Duché.

Ils y allèrent, mais la foule et le bruit lui firent peur. La musique l'effraya, qu'elle n'avait jamais entendue. Mais elle fit sensation. Lazare, rien qu'à la regarder, devint stupide comme un vulgaire polytechnicien.

Un gouniafier vint l'inviter à danser. Elle refusa. Il s'ensuivit, je ne sais comment, une échauffourée dont Lazare sortit déchiré au col, saignant à la lèvre, la casquette en deux morceaux.

Sur le chemin du retour, elle lui dit :

— Voyez, je suis une sauvage. Par ma faute il vous arrivera le pire ! Il fallait me laisser où j'étais.

Les plans de l'injecteur furent terminés en 59 et c'est à la forge Matruchot que Lazare put réaliser un prototype que l'on alla montrer à Gustave Eiffel.

L'ingénieur qui, pour lors, conduisait les travaux du pont sur la Garonne à Bordeaux, ne faisait que de courtes apparitions à Dijon. On le trouva néanmoins ; il regarda l'objet, puis les plans et dit à Lazare :

— J'irai montrer ça à un de mes amis.

Eiffel avait habituellement un visage dédaigneux et froid. De lourdes paupières et des lèvres aux coins tombants lui donnaient l'air hautain et méprisant, mais il ne manquait pas d'humour. Lorsqu'il entra le lendemain dans la forge, son œil noir brillait. Il dit au patron :

— Je vous enlève votre Lazare !

Et à celui-ci : « L'ingénieur des chemins de fer veut vous voir. Venez. »

— Mossieu l'ingénieur m'a jeté à la porte il n'y a pas un an, objecta Lazare, et ça m'étonnerait qu'il veuille me voir.

— Venez quand même, insista Eiffel en souriant dans sa courte barbe.

Un instant plus tard, les deux hommes entraient dans le bureau de l'ingénieur. A la place du vieux mandarin à favoris qui avait révoqué Lazare, se tenait un homme jeune habillé à la façon des nouveaux ingénieurs qui voulaient que la jeune rigueur de leurs calculs s'extériorisât dans la sévérité du costume : Plus de roupane, plus de nobles cheveux romantiques, plus de cols engonçants, plus de cravates opulentes. Une sorte de petite veste noire, un col bas, un petit, tout petit nœud de velours noir et des cheveux presque ras.

— Voilà notre homme ! dit Eiffel en poussant Lazare devant lui.

Le jeune ingénieur prit son temps et, s'adressant à Lazare : « Vous êtes maître forgeron, taillandier et ferronnier, vous avez inventé un dispositif très intéressant pour alimenter les chaudières. Malheureusement pour vous, un ingénieur s'est attaqué au même problème. Il s'appelle Giffard et son injecteur semble être le meilleur que l'on puisse imaginer. »

— Je ne regrette pas mon temps quand même, reprit Lazare parce que, grâce à ce travail, j'ai pu venir renifler d'un peu plus près l'odeur des chaudrons. Car il faut vous dire, mossieu, que j'ai fait la ligne Tonnerre-Dijon et Dijon-Chalon sur la Crampton 138 et depuis que votre prédécesseur

120

m'a renvoyé, je suis en enfer, mossieu et je souffre comme un damné !

— Mettons que vous ne soyez qu'en purgatoire. Votre bon ange (il montrait Eiffel) a intercédé pour vous et je suis tout près à vous réintégrer dans votre paradis !

Eiffel riait sous cape. Lazare le regarda, regarda l'ingénieur, écarquilla les yeux, ouvrit la bouche et ne put émettre un son. Après s'être longuement mouché dans son mouchoir rouge à pois noirs, il dit :

— J'aurai eu deux fois la joie d'être embauché sur les machines !

Ils sortirent en riant haut. Lazare Denizot s'écria :

— Allons répandre cette bonne nouvelle-là !

On pourrait croire qu'ils se dirigèrent vers les Marmuzots où la bohémienne fricassait un hérisson ? Non. Au pas de charge ils descendirent vers la rue Chaudronnerie, chez Jeandrot. C'est la jeune fille qui ouvrit. Lazare, dans le feu de l'enthousiasme, la prit par la taille, la souleva à bout de bras en criant :

— Caroline, Caroline, je remonte sur les locomotives !

Et lorsqu'il l'eut reposée sur le plancher, la jeune fille rougit, sourit, puis fondit en larmes et disparut.

L'année 59 fut marquée, dès le début, par une reprise de l'activité du fameux colonel Joubert. Dès le mois de janvier, il attaquait, avec Dislas, le petit chantier de Santenay, aux frontières de la Côte-d'Or et la Saône-et-Loire.

A cette époque, en effet, on construisait la ligne Montchanin-Chagny, tronçon important qui devait relier à la voie impériale le centre industriel du Creusot et constituer un maillon d'une grande transversale d'est en ouest.

On put croire que Joubert avait fait alliance avec les petites gens de la navigation qui étaient directement menacées par la construction des lignes Montchanin-Chagny et Pont-d'Ouche-Dijon, en projet. Ces lignes doublaient, en effet, l'un le canal du Centre, l'autre le canal de Bourgogne, et il n'échappait à personne que le train allait ruiner, ici encore, la batellerie.

Joubert était apparu sur le chantier de Santenay seul à cheval avec Dislas, et avait fait une furieuse charge en hurlant et gesticulant comme des Zaporogues. On les avait reçus en riant, à coups de boulons.

On cessa de rire lorsqu'on aperçut une fumée qui s'élevait des baraquements alors que trois bateliers (on les reconnut à leurs casquettes et à leurs pantalons) gravissaient en hâte le talus du canal et disparaissaient du côté d'Aluze.

Il était clair que la démonstration de cavalerie légère sur le flanc gauche n'était qu'une diversion pour permettre aux incendiaires d'opérer à l'aise sur les arrières.

On étouffa cette nouvelle. On voulait éviter d'épouvanter les voyageurs du chemin de fer. Lazare l'apprit pourtant le soir même car dans le monde du rail les nouvelles vont aussi vite que les trains. Il raconta la chose à Incarnacion et ajouta : « Votre père vient de se mettre dans de beaux draps !

Elle eut un sourire farouche.

— Cette fois, continua-t-il, il dépasse les bornes. Il y a des dégâts. La maréchaussée va se mettre à ses trousses.

— Ils né lé trouvéront jamais ! dit-elle avec son délicieux accent.

— Voire !

— Vous ne le dénoncerez pas, Lazare !

— Vous me prenez pour qui ? Les gendarmes sont assez grands pour trouver deux poivrots fous... D'ailleurs moi non plus, je ne suis pas camarade avec les gendarmes et votre père est quand même un fameux gaillard !

Elle eut un sourire de reconnaissance et allait dire quelque chose, mais il ajouta :

— ... Je lui reproche simplement de ne pas vous avoir appris à faire une cuisine civilisée.

C'était la première fois qu'il lui disait quelque chose de blessant, mais un Bourguignon passe tout à une femme, hormis de négliger le pot... Chez Incarnacion, c'était pire encore : elle ne négligeait pas, elle ignorait. Lazare disait : « Elle n'a pas le sens de la cuisine ! » et en Bourgogne, une phrase comme celle-là sonne le glas de l'amour.

Le jour même, avant sa prise de service, l'ingénieur le fit appeler :

— Il m'a été rapporté que vous aviez des renseignements sur ce fameux Joubert...

Lazare coupa court :

— Mossieu, j'ai eu plusieurs frottées avec cette vieille bête, mais ce que je sais de lui me laisse à penser que c'est un homme comme moi. Bien que zélateurs de deux religions différentes, nous nous ressemblons. On ne trahit pas ses semblables ! Ne me demandez rien sur lui.

— Vous êtes bien tel que Gustave Eiffel vous a dépeint. Je respecterai vos scrupules, répondit l'ingénieur.

Le lendemain soir, le frère curé arrivait aux Marmuzots. Après avoir bu et mangé un morceau, il glissa aux confidences : Joubert avait rallumé la guerre sainte dans la vallée de l'Ouche.

Il exhortait les gens à refuser leurs terres pour le passage de la ligne et à s'opposer, par la force s'il le fallait, à l'expropriation.

— Alors ? lança Lazare, qu'en dit l'évêque ?

— Je viens lui demander des directives.

— Encore ? Mais tu vas te faire frotter les oreilles, frérot. Tu sais bien que ton monseigneur veut faire chanter le Te Deum aux locomotives !

Le curé eut l'air contrit :

— C'est que voilà, dit-il, l'affaire prend des allures de schisme !...

— Hoho !

— Certains confrères suivent l'évêque, d'autres s'y refusent...

— Ils veulent excommunier le chemin de fer ?

— Presque.

— Fous !

— Pas si fous que ça... L'achat des terrains pour le chemin de fer provoque partout des agiotages monstrueux. Etre exproprié, c'est mieux que de se découvrir un oncle en Amérique ! On ferait n'importe quoi pour faire passer la ligne dans son verger...

— C'est l'enthousiasme !

— L'enthousiasme ? sanglota l'abbé. C'est la cupidité ! L'odieuse passion pour l'argent ! Mes braves paroissiens qui prétendent suivre le chemin de l'honneur et se déclarent prêts à donner leur vie pour la patrie, montrent un acharnement à fourguer la terre ancestrale et un art de voler l'Etat qui dépassent l'entendement ! Mon bon petit frère, j'en perds le sommeil !...

Le juif Salomon Braunstein et son complice ont refait leur apparition dans la vallée et mes gens sortent de la messe pour aller à l'auberge où ces deux messieurs rendent leurs oracles. Mes ouailles y boivent, bien sûr, mais je ne dirais rien trop là-dessus, bien que ma quête s'en ressente, mais c'est cette cupidité ! Ah Lazare ! Ils me feront mourir de honte ! Jamais je n'oserai me présenter au Jugement dernier ! Et cette hypocrisie ! Ils sont fidèles aux offices, mais aussitôt sortis de l'église, ils livreraient leur fille pour que la ligne passe dans leur chènevière, et crois-moi, Lazare, ce n'est pas par amour de la science ! Combien d'hommes éminents ont perdu leur âme pour que la ligne de Paris à Lyon vînt faire un crochet par Dijon !

J'ai un hobereau qui, tenant de son neveu ingénieur que la ligne allait traverser une mauvaise terre lui appartenant, s'est mis à y planter de méchants rejets pour la baptiser verger, afin d'en tirer une plus grosse indemnité d'éviction ! Comment s'étonner alors que le sabotier se soit mis à défricher un roncier qu'il possède un peu plus loin pour lui donner de la « plus-value », comme ils disent ?

Ils ne pensent plus qu'à ça. C'est effrayant, car cette pensée une fois entrée dans leur cervelle se met à enfler, enfler ! Elle prend toute la place après avoir étouffé tous les bons sentiments. Je reste impuissant à y maintenir l'amour du prochain et le souci de leur salut. L'avenir de la foi dans nos régions est en péril. Le petit clergé rural a son mot à dire et Monseigneur, tout gagné qu'il soit aux idées de progrès, ne peut rester indifférent à une telle vague de matérialisme !

— Vous pourriez faire alliance avec le fameux colonel Joubert ! ricana Lazare.

— J'y ai pensé, avoua le curé, mais renseignements pris, bien que ses idées sur le Progrès soient saines, je crois que son combat contre le chemin de fer n'est dicté que par une obsession d'alcoolique, n'est-il pas vrai ?

Le rire de Lazare éclata, large et plein et s'épanouit comme les douelles d'un tonneau qu'on décercle.

— Est-ce bien à mon frère de lait que j'entends dire de semblables goguenettes ? A quoi te servent donc grec et latin ? Ne comprends-tu pas que ce chemin de fer va transformer ta vallée ?

— Elle est bien telle qu'elle est.

— Le train va y amener l'industrie...

— Pour quoi faire ?

— Il va y transporter Turcs et Lapons...

— Qu'avons-nous besoin de ces païens en Bourgogne ?

— Pour les évangéliser, frérot !

— J'ai déjà assez de mal avec mes bougres !

— C'est que tu t'y prends mal !

A ce moment, Incarnacion entra dans la salle. Elle tenait un pantalon qu'elle venait de raccommoder. Elle le posa sur les genoux de Lazare : « Vous pourrez le mettre demain pour prendre votre service, dit-elle, j'y ai mis un bon fond. »

— Merci, la belle. Pour votre peine, je vous embrasserai pour le jour de l'an.

Lorsqu'elle fut sortie, l'abbé glissa :

— Aurais-tu fait alliance avec ton pire ennemi ?

— Que me chantes-tu là ?

— N'est-ce pas la fille à Joubert que je vois raccommoder tes braies ?

Lazare répondit à voix basse :

— Son père me l'a envoyée pour lutter contre le péché de gourmandise.

— De gourmandise ?

Lazare se pencha à l'oreille de son frère de lait :

— Elle ne sait pas faire la cuisine ! souffla-t-il.

Et les deux hommes hochèrent la tête gravement.

On entendit, à ce moment, crisser des pas sur le gravier.

— C'est l'abbé Girardot, mon camarade de séminaire, qui veut faire ta connaissance, dit le frère curé.

L'abbé Girardot était aussi maigre et aussi petit que le curé Boignard était grand et puissant. Fortement influencé par Lamennais, comme une partie du petit clergé de l'époque, l'abbé Girardot avait été vraiment ému par la création, en France, des chemins de fer. Non par le phénomène scientifique ou industriel en soi, mais par son influence sur la société des hommes et leur vie spirituelle.

Il avait une certaine qualité d'âme, une tonalité d'esprit, une manière de réagir en face des événements qui signalaient un ardent lecteur de « l'Essai sur l'indifférence en matière de religion ». Il avait beau s'en défendre, on le sentait d'une lieue : il refusait, pour l'Eglise, l'immobilisme, réclamait sa refonte, ainsi que celle de l'Etat, en fonction des modifications sociales imposées par les techniques nouvelles. Lorsqu'il avait confiance en son interlocuteur, il récitait volontiers, avec une ardeur éloquente la phrase de Lamennais : « LE VÉRITABLE PROGRÈS SOCIAL DÉPEND DU PROGRÈS MORAL QUI S'Y PROPORTIONNE. »

Il aimait les locomotives, mais il s'intéressait encore plus au régime de travail des gens de la locomotive. Il était troublé par le fait que la plupart des gens des trains, pour servir le progrès, dussent abandonner leurs devoirs religieux, mais, alors que la plupart de ses confrères voyaient là une raison de désespérer et de se scandaliser, lui, au contraire, était stimulé à la pensée que l'Eglise allait devoir s'adapter. Pour lui, et toujours pour avoir suivi Lamennais, le monde était en création permanente ; des liens existaient, pensait-il, entre l'évolution de la vie matérielle de l'homme et le développement de la conscience morale et religieuse des individus. Et surtout il avait été ébloui par cet étrange messianisme social qui, chez Lamennais, fait du peuple un agneau souffrant et rédempteur dont la mission essentielle est d'instaurer dans le monde le règne de la justice et de la liberté.

Il avait un jour scandalisé ses confrères en disant :

— C'est un fait : les hommes du rail, de par la consistance de leur service, ne peuvent plus conserver le contact avec l'Eglise telle qu'elle est, pourquoi ne serait-ce pas l'Eglise qui se modifierait ? Si la notion du repos et du devoir dominical est un non-sens dans le monde industriel que nous prépare le rail, il faut assouplir les commandements de l'Eglise ! Et pourquoi ne pas faire des aumôniers des trains, comme en ont les marins ?

Il était même allé jusqu'à dire, dans l'enthou-

siasme de la jeunesse : « S'il fallait, pour conserver le contact avec ces pionniers, déguiser cet
aumônier en « compagnon-chauffeur » et lui faire
pelleter le charbon, je serais volontaire !

— C'est M. Karl Marx qui te tourne la tête ! lui
disait Boignard.

Alors il s'enflammait :

— Le peu que j'ai lu de M. Marx me prouve
qu'il est un élève de Lamennais, ni plus ni moins,
et qu'il veut en prendre la succession. Et il la
prendra, et le peuple le suivra, comme il suivait
Lamennais, mais comme M. Marx est athée, le
peuple deviendra athée ! En excommuniant
Lamennais, l'Eglise a perdu sa chance de conserver le contact avec le peuple !

— Tu déraisonnes ! tempérait Boignard.

— ... L'Eglise a failli à sa mission de pêcheuse
d'hommes, s'entêtait l'autre. Que ne te défroques-
tu, frère ?

— Parce que j'espère que l'Eglise se reprendra
à temps et comprendra mieux son rôle. Alors, à ce
moment, je serai là !

Ce matin-là, Incarnacion Joubert est assise sur
ses talons dans son bivouac, au fond du jardin de
la « Mère Cuzot », sous une tombée de neige fine

et piquante. Elle est recouverte de sa houppelande verdâtre qui lui fait comme une tente où elle se blottit. On croirait voir un soudard de la retraite de Russie.

Elle est devant son feu de sarments, les cuisses ouvertes à la chaleur. Les coudes aux genoux, elle tient un peigne fin à la main et lisse inlassablement sa longue chevelure bleue. Ses lèvres font une moue de dépit : Lazare donne à ses amis une petite fête pour célébrer son retour sur les machines. Il n'a pas invité Incarnacion. Elle ronge son frein, comme une cavale sauvage sur un maigre pâtis. Elle ne mangera rien de la journée. Elle se tirera les cartes, se prendra les poux, immobile sous le grésil.

Tout à coup la grille grince. Un homme traverse le jardin. Il porte le caban des gens du Dépôt. Il crie :

— Denizot! tu seras mis en tête d'un train officiel dans deux heures. Fais ton panier et cire tes galoches !

— L'est pas là ! crie la logeuse.

Incarnacion se lève :

— Je vais le prévenir ! crie-t-elle.

Et la voilà partie.

Elle dévale le sentier des carrières, descend les escaliers de Bellevue. Elle arrive en ville dans les

132

vieilles rues, puis au Morimond où s'ouvre la grande cour du *Sauvage*, l'auberge des messagers.

C'est mardi, jour de marché. Les attelages remplissent la cour charretière. Dans la grande salle, on entrechoque les verres et les assiettes. Lazare n'est pas là. Incarnacion va regarder aux fenêtres des salles particulières. Elle entend la voix de Lazare. Elle s'approche de la croisée, et que voit-elle ? Une assemblée où elle reconnaît le père Jeandrot, deux autres mécaniciens, l'ingénieur Eiffel, mais elle voit aussi deux femmes qu'elle ne connaît pas. C'est Maman Jeandrot, solidement attablée entre Eiffel et Lazare, mais aussi une jeunesse, une jolie fille aux cheveux noisette, gentiment attifée, toute simple, mais si tendrette. Elle est assise à la droite de Lazare, il a passé son bras sur le dossier de sa chaise et il la regarde pendant que les hommes discutent mécanique.

Elle entend l'ingénieur qui dit : « Messieurs, le fer est le matériau de l'avenir !... Pensez que... »

Mais Lazare n'a cure du matériau de l'avenir. Il n'écoute même pas l'inventeur dont il a fait son dieu. Eiffel est détrôné ici par cette fille, Caroline Jeandrot, que Lazare ne cesse de regarder, alors que Jeandrot, brandissant une aile de pintade, s'écrie :

— Messieurs, cette pintade, je ne sais quelle fut sa vie, mais sa mort rachète bien des choses !

Tout le monde rit sauf Lazare qui, sérieux comme un pape, contemple la pucelle.

Quelqu'un, à ce moment, s'étant mis à fredonner une valse, le voilà qui se lève et, prenant la fille dans ses bras, esquisse un pas, tourne et gambade. Tout le monde s'esclaffe. On crie : « Attendez, au dessert ! au dessert ! » et Eiffel, un peu libéré, par le volnay, de sa morgue d'ingénieur lance :

— Sacré Denizot ! Vous êtes trop pressé ! N'allez pas fêter Pâques avant les Rameaux !

La fille rougit. Elle est morte de confusion. Elle va se cacher derrière le manteau de la cheminée. Alors Lazare va la chercher et la ramène à table en la prenant par la main.

Voilà ce qu'Incarnacion a vu. Elle charge un marmiton d'aller faire la commission à Lazare, puis elle se jette dans la rue, remonte aux Marmuzots, fait son baluchon (c'est chose facile) et s'échappe, comme une folle, gagne les Chartreux et s'installe sur le bord de la route pour attendre les rouliers, mais il est encore trop tôt pour en voir passer.

Un monsieur en tilbury fait halte, lui parle, l'invite à monter près de lui, elle accepte et s'installe à ses côtés. Il la recouvre du panneau de

cuir qui les masque jusqu'au visage et les voilà
partis dans la tourmente.

Trois heures plus tard, elle le paie d'un baiser
glacé qu'il lui mendiait depuis Plombières et il
l'abandonne au Pont-de-Pany.

Dans la neige fraîche, elle prend la route d'Urcy
qui monte dans les bois et les ravins. Elle
marchera ainsi pendant des heures, passera Urcy
et continuera dans la forêt, sur ces sommets qui
sont peut-être les plus froids de France. La nuit
tombe. C'est la lueur de la neige qui éclaire son
chemin dans les grands bois.

Elle est meurtrie par le vent mais surtout par la
blessure que vient de lui faire ce Lazare, homme
généreux, prompt, rieur, sceptique, aimable et
versatile qui incarne toutes les qualités et tous les
défauts de sa race. Son sang pueblo, si différent,
grave, tenace et passionné lui dicte une détermin-
ation farouche.

En marchant elle pense à Lazare et à cette fille
blonde à peau blanche. Elle dit : « C'est normal.
Elle est de sa race, c'est elle qu'il doit épouser ! »
Mais elle, Incarnacion, n'oubliera jamais
l'éblouissement du château de Barbirey, l'arrivée
de Lazare à Chamechaude, leur fuite et le chaste
séjour aux Marmuzots, dans l'ombre du seul
homme qu'elle ait jamais aimé et qu'elle aimera
jamais.

Elle est arrivée à Chamechaude au petit jour, elle y a trouvé des cendres chaudes. Elle s'est roulée dans la paille après avoir réveillé le foyer et fait un thé très fort. Elle n'a rien mangé pendant une journée. A la fin de la deuxième nuit, elle a été réveillée par le hennissement des chevaux. L'étalon rouge et la jument pie ramenaient sur leur dos deux espèces de moribonds, ivres morts, couchés sur l'encolure, l'un perdant son sang par une blessure au cou.

Elle les a désarçonnés et traînés sur les paillasses et elle a repris son poste de cantinière, alors que les choucas, tournoyants, croassaient de joie.

Absolument exaspéré, Joubert avait repris ses démonstrations équestres et ses conférences publiques contre le rail. Le massif bourguignon où il se réfugiait maintenant était presque complètement ceinturé, sinon par des lignes, du moins par des concessions accordées et Joubert devenait enragé comme un solitaire qui se sent cerné dans une enceinte. Acculé, poursuivi par les gendarmeries, il ne pouvait passer plus de deux nuits dans le même refuge et Chamechaude n'était plus qu'une bauge, abandonnée le plus souvent.

Incarnacion suivit les deux hommes et les soigna. Elle chevauchait derrière eux, en silence. Le plus souvent, ils se déplaçaient de nuit et cherchaient de nouvelles grottes, de nouvelles ruines, où ils pussent s'installer. Ils étaient aidés par la plupart des paysans de la montagne, hostiles au rail et frondeurs, mais souvent dénoncés par les autres. Il leur fallait alors décamper aussitôt.

Joubert aimait être traqué ainsi; il ne se présentait même plus pour toucher la demi-solde que continuait à lui servir Napoléon III, « car, disait-il, ces coquins, incapables de me prendre en rase campagne, seraient capables de monter la garde en permanence aux guichets pour m'arrêter comme un vulgaire escroc! »

Joubert n'adressa la parole à sa fille que trois semaines après son retour, pour lui dire :

— Votre mécanicien, mademoiselle, vous a répudiée, ce me semble, après vous avoir souillée, sans doute.

Incarnacion, pâle comme une endive, ne répondit pas.

— ... Ces gens sont tous les mêmes, mademoiselle, continua-t-il, vous l'avez compris, j'espère? La fille du vautour ne fraye pas avec les salamandres! Elle meurt dans la solitude, mademoiselle! Votre fiancé n'existe pas, puisqu'il n'y a plus de vautour! Vous mourrez célibataire et c'est bien mieux ainsi!

Elle se levait et partait au hasard, le laissant à ses sentences et à ses rages. Elle marchait droit devant elle en sabrant les tiges gelées des grandes gentianes. Elle sentait que Lazare était absorbé de plus en plus par ce monde singulier qui était en train de se cristalliser autour des gares et des dépôts. Elle avait compris que, venus de toutes les professions et de tous les coins de la province, ces gens du rail formaient une famille qui, lentement, se refermait sur elle-même. Cette petite Caroline devait devenir Mme Denizot. Elle seule saurait garnir les paniers, composer les repas froids, se souvenir des roulements, coudre les pourpoints matelassés dont se bardent ces hommes étranges pour monter sur leurs machines. Elle seule saurait, pour l'avoir vu faire à sa mère, préparer une table pour que son homme la pût trouver à son retour, à n'importe quelle heure du jour et de la nuit.

Caroline seule pouvait s'adapter à cette vie bizarre réglée sur l'horloge et sur la chaudière ; Incarnacion savait bien qu'elle n'aurait jamais pu supporter cette double sujétion. Elle s'étonnait vivement que d'autres les acceptassent. Son père lui avait tant chanté : « Jamais les Français ne deviendront l'esclave d'une ferraille ! On ne trouvera personne chez les Gaulois pour se laisser imposer l'heure du lit ou de la soupe par une vulgaire mécanique ! » Pourtant, elle le constatait, les Gaulois acceptaient !

Le soir, devant le feu de bivouac, le colonel se renversait sur la selle qui lui servait d'oreiller et lançait : « Un dieu aux ordres de sa créature ! Quel beau progrès ! » Puis il se levait, se drapait dans sa couverture et, arpentant le terrain, hurlait :

« Homme, roi de la création, prends-y bien garde ! Tu viens d'enfanter un monstre ! Ta machine, à peine sortie de ton cerveau, va te dévorer !

Puis il s'excitait : Je vois un temple immense. Au centre, je vois un Mammon étrange environné de vapeurs et d'étincelles. A la place de son cœur, un cadran où, à chaque seconde, une aiguille bat. Il n'a pas de bras, il n'a pas de jambes, mais une gueule et ses mâchoires sont des engrenages où des prêtres poussent des êtres qui lui servent de nourriture. Sans cette nourriture, le monstre meurt, et lorsque je m'approche, je vois que cette nourriture grouillante ce sont des hommes !...

Incarnacion n'entendait même plus les éclats de cette voix ridicule et tragique. Ce qui la remplissait, c'était le souvenir de ce garçon ; elle l'aimait, voilà tout, et elle savait cet amour sans espoir.

Un soir de mars, alors que s'annonçait joyeusement le printemps, et que les geais culbutaient leurs femelles à plaisir, le colonel, qui avait disparu depuis trois jours, revint, les yeux brillants. Ses poches étaient pleines de pièces d'or. Il les faisait tinter en chantant.

— Regarde ça, fillette ! Regarde les beaux jaunets ! Avec ça, fifille, on va lui en faire voir de rudes, au chemin de fer !

Elle comprit qu'il avait vendu la ferme et la gentilhommière où elle avait passé le meilleur de son enfance. Elle contempla ces pièces qui représentaient cette grande maison, cette haie de roses trémières, ces vergers, ces étables, ce jardin, où elle rêvait d'aller s'installer et retrouver les souvenirs, aussitôt que son père serait mort, brûlé d'alcool et de folie.

Le colonel Joubert brassait cet or à pleines mains, les yeux brillants : « Avec ça, je tue le chemin de fer, bavait-il, je lui fais mordre la poussière ! »

Le lendemain, la caravane repartait pour une destination que le colonel était le seul à connaître.

Bien que Lazare ne lût pas les journaux (ses propres aventures suffisant à l'exalter) il sut pourtant qu'un terroriste italien avait tenté de tuer l'empereur, qu'il n'avait réussi qu'à assassiner des femmes et des enfants. Etait-ce le choc en retour, dès le printemps les trains officiels se multiplièrent. Cavour vint à Paris, puis les convois militaires vers le sud eurent la priorité : les équipes de conduite furent à la fête et le service des trains de voyageurs fut culbuté.

Après avoir conduit, pour le moins, un bon quarteron de princes et de ministres, Lazare fut commandé, un jour, pour descendre un train de troupes à Lyon. Arrivé à Perrache, il lui fallut aller à Avignon où on lui enjoignit de continuer sur Marseille. Les villes étaient pleines comme des œufs frais avec ces troupes qui, en fait, se concentraient pour la campagne d'Italie. Les policiers pullulaient au milieu de cette population errante qui suit les armées en mouvement. Lazare se sentait là comme truite en remous. Il n'était jamais descendu plus bas que Pierre-Bénite et, passé Vienne, les eaux du Rhône, la couleur du ciel, des rochers et des maisons, tout changea.

En vrai trimardeur qu'il était, Lazare écarquillait ses yeux malins. Son nez gourmand s'ouvrait aux odeurs nouvelles. Penché sur son garde-fou, la casquette rabattue, le foulard sur la bouche, il ressemblait au fantôme de Mandrin qui, cent ans plus tôt, rançonnait au même endroit.

Il acclama les hauteurs vivaraises, toutes grises

d'amandiers fleuris, les éperons bas-dauphinois, les ruines, les pêchers roses. A chaque tournant, il braillait de joie devant les eaux vertes qui, charriant les fontes alpestres, galopaient vers cette Méditerranée de légende. Il râla d'admiration devant la Provence. Bien sûr, ça ne valait pas la juteuse et capiteuse Bourgogne, mais quel bol d'air, quelle ventrée de lumière, quelles lèvres rouges, aussi, et quels yeux, au coin des mas !

Ah ! la guerre a du bon (quand on ne la fait pas) !

De remises en dépôts, changeant cinq fois de machines, il arriva ainsi à Miramas, passa la Nerthe et, débouchant enfin à l'Estaque, découvrit la rade de Marseille et il en pleura de joie.

Puis il fallut remonter vers le Nord ces wagons que l'on avait descendus pleins de soldats et de ravitaillement. Par étapes, Lazare reprit le couloir rhodanien, alternant travail et flânerie, moitié-moitié. Tel était alors le rythme du labeur : Si l'on roulait pendant quinze heures, on était quinze heures à pied. En principe. On couchait où l'on pouvait et on mangeait à la popote militaire, quand il y en avait.

C'est ainsi qu'il revit le paysage à l'envers, rebroussant le cours du vent et de l'eau et, par un clair soleil, il salua la roche de Solutré, le signal de

142

Santenay, le toit de l'Hospice de Beaune et enfin Dijon, au pied de la Motte-Giron.

A peine débarqué, la machine remisée, ses pas lui firent traverser la ville. Sans qu'il eût pu s'en rendre compte au juste, il se vit frappant à la porte des Jeandrot.

Son cœur bat. Il entend piétiner menu. On ouvre. C'est Caroline. Elle rougit, sourit.

— Me revoilà ! dit Lazare en bégayant, lui habituellement si sûr de sa langue.

— Venez, lui dit Caroline. Il entre, salue la mère qui s'approche en disant : Vous êtes rentré Lazare, mais « le mien » n'est pas encore là ! Je vous demande un peu ! Courir la France à son âge ! Quel métier !

Puis Lazare raconte son voyage. Il sort de sa veste un bouquet de lavande et un galet de la Crau. Il en fait cadeau à Caroline qui lui dit : « Moi aussi, j'ai pensé à vous ! » Et elle lui montre une veste de guingan noir, bien brillant :

— J'en faisais cinq à mon père, explique-t-elle, j'avais de quoi en faire une autre. Elle est pour vous !

— Ça vaut une bonne bise sur vos joues roses, Caro.

Et ils s'embrassent.

6

L'idée du colonel Joubert était grandiose :
Inonder le pays de libelles antiferroviaires pour
échauffer les esprits et ensuite tuer le chemin de
fer par la concurrence. Ni plus, ni moins.

— Je battrai le chemin de fer sur son propre
terrain ! disait-il.

Il consacra le tiers de son or à faire imprimer,
sur papier chiffon, des proclamations grandilo-
quentes puis il se rendit à Chagny où il acheta, en
grand mystère, les trois diligences qui avaient
assuré le service Chagny-Lyon.

Elles étaient jaune et noire, coiffées d'une
capote en cuir gercé et crevassé par les intempéries. Les fusées étaient usées comme des sucres
d'orge déjà sucés et les rais, écaillés, bâillaient.

Il acheta aussi les dix chevaux de l'écurie et
toute la bourrellerie et les harnais. Il vint enlever
tout cela la nuit, en grand secret. Dislas condui-

sait la première voiture, Incarnacion était aux rênes de la seconde. Joubert fermait la marche. Par des chemins détournés, ils gagnèrent, dans l'Arrière-Côte, son nouveau repaire : la grotte du Peux-Petus.

Là, ils mirent plusieurs semaines à remettre tout en état. Dislas recousit et graissa les cuirs, fourbit les cuivres et les cabochons, alors qu'aidé de sa fille, le colonel, torse nu, recercla quelques roues, au grand feu, remplaça des lames de ressort et repeignit tout à neuf. Les dix chevaux gris pommelé vivaient, entravés, avec les bêtes sauvages de Joubert, paissant les friches, comme de vulgaires Camarguais.

On leur natta les crinières et les queues. On frisa leur toupet. Un jour, Joubert alla à Dijon et revint avec un énorme rouleau d'affiches qu'on déplia, le soir, dans la grotte, devant le falot.

— Viens voir, ma fille ! hurla Joubert.

Incarnacion avait maintenant les joues creuses et l'œil mat. Elle ne se peignait même plus. Elle s'approcha, l'air las — Joubert, le cheveu rejeté en arrière (il s'était fait la tête de Murat), lui lut son affiche :

HABITANTS DE LA VALLÉE
DE LA DHEUNE !

L'aveuglement de certains et la malhonnêteté des autres a permis au chemin de fer de s'installer dans votre belle vallée, cette ruineuse initiative va se couvrir de ridicule en inaugurant sous peu, la fameuse et inutile ligne de Chagny à Montchanin qui doublera un canal en activité et une route superbe.

Moi, colonel Joubert, pour démontrer l'inanité d'une telle entreprise, j'organise un service de diligences sur le même parcours, et c'est

GRATUITEMENT

que je transporterai, à dater du 20 mai, tous les voyageurs qui se présenteront au départ...
(suivaient des horaires précis)

Incarnacion était très pâle, sa lèvre tremblait. Voilà pour quelle folie son père avait vendu tous ses biens.

— Avec ça, disait-il, je mets la compagnie à genoux ! Partant en même temps que le train, j'arrive à Chagny avant lui ! Et le train sera vide, haha ! Au bout de huit jours, la compagnie sera incapable de payer ses machinistes et ses chefs de gare, inoccupés dans des gares désertes ! Et le

147

cheval triomphera!... Le cheval et la France!

Dislas, impassible, la bouteille d'eau-de-vie à la main, continuait à graisser les croupières.

Dans l'enthousiasme, Joubert passa les nuits d'avril à coller ses affiches. Il descendait au galop dans la vallée, dormait, le jour, dans les roches et il n'y eut bientôt plus une porte de grange ni un vantail de cellier qui ne portât le « Moi, Joubert ».

Ces raids, rapides et savamment combinés, lui plaisaient. Il déjouait toutes les ruses de la gendarmerie. A quatre-vingts ans, il tombait en trombe là où personne ne l'attendait, placardait sa prose et disparaissait. Il allait un train d'enfer. Il clamait :

« La légère! voilà la légère! » — En bon officier napoléonien, il voulait dire : voilà la cavalerie légère. C'était devenu son mot d'ordre, sa devise, et lorsqu'il remontait les cailloutis et les gravières, il ricanait : « Qu'ils passent donc là avec leurs locomotives! » Et son ricanement se confondait avec celui des grives draines.

Vint mai.

En même temps que les rails tout neufs étaient posés sur leurs traverses, Joubert précipitait les choses. Avec sa longue-vue, il surveillait les préparatifs d'inauguration, riait en se frottant les mains, filait à Dijon, chez son tailleur, collait ses dernières affiches et attelait ses chevaux à ses

148

berlines ; on racontait qu'il les entraînait à galoper sur la voie romaine, en plein désert d'herbes et de broussailles, aux endroits les plus solitaires des monts de Bourgogne.

Dislas qui recevait double ration d'alcool en prévision du grand effort, eut un jour son bel uniforme de postillon. L'équipage prenait tournure. Dès le 10 mai, on embaucha un vide-godet, ancien palefrenier du comte d'Espiès, du nom de Trebeudeu, qui devait être le troisième postillon et on attendit le jour de l'inauguration en répétant, au bugle et à la trompe, les différentes sonneries de la route.

Depuis longtemps, Incarnacion n'avait plus ni voix ni sourire. Elle ne pleurait jamais (la belle façon de dépérir) mais elle ruminait une sorte d'herbe amère, faisait machinalement son tripot et restait couchée dans l'herbe, suivant du regard les nuages, et les jours passaient, ensoleillés et triomphants.

Un soir, Joubert rentra, fit sonner le rassemblement et annonça : « C'est après-demain l'inauguration ! » Incarnacion devint pâle comme une morte et se mit à trembler.

Le 8 juin donc, ce fut l'inauguration.

Le train inaugural devait partir de Montchanin. Le père Jeandrot, en qualité de doyen, devait le conduire et Lazare s'était arrangé pour être libre ce jour-là. Il avait dit à la mère Jeandrot : « On va acclamer le Papa sur sa machine ! » et les deux femmes, en grand émoi, avaient plumé le poulet, cuit la brioche et, dès le matin, par le premier convoi, on était parti pour Chagny. Lazare chargé de deux paniers pleins, la mère avec son parapluie et Caroline coiffée d'un cabriolet rose et la taille prise dans une tournure qui s'épanouissait en un gros nœud de faille, sur sa jolie petite croupe. C'était elle qui portait les ombrelles.

Le voyage fut un délire. Lazare, le col blanc dûment retroussé sous sa mâchoire par une cravate-châle, le chapeau rond sur l'oreille gauche pour laisser filer sur la droite une mèche savamment rebelle, la moustache en beauté, citait au passage les aiguilles, les stations, les passages à niveau, les bifurcations. Il nommait les gardes-barrières, lançait aux villages entrevus des apostrophes sonores, saluait les vignes et les précieux coteaux.

Caroline était rouge de plaisir et la maman Jeandrot, une main sur sa vaste poitrine, s'étranglait de rire, en disant, en femme qui a appris la réserve et la modestie : « Monsieur Lazare... monsieur Lazare, ça ne devrait pas être permis de rire comme ça ! »

Ils arrivèrent à Chagny à dix heures. La petite

ville résonnait de toutes sortes de cris. On alla à l'hôtel de ville, à la halle, puis à la gare où l'orphéon prolongeait son aubade, puis on remonta la ligne toute neuve qui débouchait de la vallée de la Dheune et on chercha un coin pour manger sur l'herbe à l'ombre et pour attendre le convoi.

Les Chagnotins avaient construit des arcs de triomphe en feuillage et il y avait grand monde sur les coteaux et sur les pâtis, aux abords de la rivière. Les victuailles sortaient des cabas et, à l'ombre des halliers, les ripailles commençaient. C'était, comme à toutes occasions dans ces pays de bonne vie, une grande kermesse vigneronne, sous le grand soleil.

Lazare, tout en dévorant le poulet froid et le jambon persillé, guettait, l'œil tourné vers l'ouest. Il surveillait la grosse montre du Prince Walewsky et annonçait : « Ils sont à Perreuil !... Ils sont à Saint-Léger ! Ils sont à Dennevy !... Dans dix minutes ils arrivent ! »

Un orage montait de la Bresse, en gros moutons blancs. La chaleur, une des premières de l'année, faisait chanter les grillons.

De la gare, on entendait les flonflons de la fanfare et quelques coups de tromblon alors que des côtes de Santenay et d'Aluze s'égrenaient les rires des filles.

151

Tout à coup, on entendit : « Les voilà ! »

Lazare et Caroline se mirent à dévaler la côte. Il avait pris la main de la fille pour la retenir sur la pente caillouteuse et la serrait très fort. On voyait, au-delà de Cheilly-les-Maranges, le panache de vapeur qui se tortillait dans le fond de la vallée, puis on entendit des clameurs et le grondement du convoi…

Les deux jeunes gens s'arrêtèrent au-dessus d'une murée, à l'ombre d'un coudrier. « Restons là, dit Lazare, nous verrons venir le train et nous sauterons sur le talus au passage de la machine ! ». Puis il regarda sa grosse montre : « Ils sont à l'heure ! » dit-il fièrement.

Le train s'engageait dans l'alignement droit et s'était mis, lui aussi, à pousser des cris aigus. Lazare hurla de joie et, sans savoir comment, il prit la taille de Caroline, la souleva du sol et l'embrassa bien net, sur ses bonnes joues qui ne se refusèrent pas. Il avait retiré son chapeau et l'agitait comme un fou, lorsque, tout à coup, il s'arrêta de rire. Une femme, à longue jupe, les cheveux dénoués, venait de se dresser sur le talus. Elle se mit à courir au-devant de la machine, puis, sans hésiter, au moment où le convoi arrivait à sa hauteur, se jeta sur le rail.

Il y eut une grande clameur. La femme, tamponnée par la traverse avant, était brutalement rejetée sur l'accotement. Lazare avait déjà enjambé la clôture neuve. Il arriva le premier près du cadavre. Il souleva les cheveux bleus. C'était bien la Fauvette noire. Elle avait été tuée sur le coup.

Il prit sa main, regarda cette peau brune et fraîche et ferma, d'une caresse, les paupières. Il eut un instant de vertige, mais déjà la foule était là et Caroline, au premier rang, les yeux dilatés d'effroi, regardait cette fille morte.

— Qui est-ce ? demanda-t-elle en tremblant.

Lazare répondit d'une voix ferme :

— C'est Incarnacion Joubert.

Les gens se dispersèrent. Un peu en retrait, Caroline et sa mère, à genoux, priaient avec un prêtre qui se trouvait là. Les cloches de Chagny sonnaient maintenant en carillon et on entendait les échos de la fanfare, alors que les premiers coups de tonnerre grondaient au-dessus de la Saône.

Incarnacion avait un filet de sang à la bouche. Un médecin, arrivé au grand galop de son cheval, reconnut que la mort avait été instantanée.

— Vous connaissiez cette personne ? demanda-t-il à Lazare.

— Oui, répondit-il, c'est la fille de...

Mais à ce moment, une fanfare éclata sur la route, trompe, bugle et trompette, et l'on vit apparaître, dans un nuage de poussière blanche, trois diligences lancées au grand galop, la bâche gonflée, dans un crépitement de coups de fouet.

Tout le monde s'était replié sur la gare où une fête était donnée. Les trois voitures avançaient dans un désert. En tête, Joubert tenait le galop et ne quittait la trompette que pour prendre le porte-voix et crier : Moi, Joubert !... Gratuitement !...

On aurait dit le cortège d'un cirque forain. Ces voitures étaient pleines de paysans d'au-delà de Nolay ou d'Epinac, des commis farauds, cravatés de foulards aux couleurs vives noués par-dessus le col de leur grande blouse, le chapeau enrubanné, comme des conscrits, ou bien des ouvriers du Creusot, à lourdes casquettes, qui faisaient des plaisanteries sur tout et criaient « Vive la République » pour se donner des airs de socialistes. Joubert les avait recrutés à grands coups de gueule dans les cafés, et même à la sortie de la grand-messe en hurlant : « Aller et retour Chagny gratis pro Deo tous les jours, qu'on se le dise !... Première journée de service de voitures gratuites de Montchanin à Chagny, en voiture ! »

— On y va ? s'étaient dit les gars ; et Joubert avait ainsi trouvé ses trois chargements, mettant leur empressement sur le compte de l'enthou-siasme pour le cheval, leur faisant, au long du parcours, des discours enflammés auxquels ils

154

répondaient par des cris et des lazzis que le fou prenait pour des encouragements.

Ils allaient donc bon train, les garçons déjà échauffés par ces claquements de fouet, ces fanfares et l'air de bal qu'amenait le vent, Joubert fouaillant l'air à grands coups de lanière.

Ils arrivèrent ainsi à la hauteur du cadavre d'Incarnacion qu'entouraient quelques bonnes âmes. Agenouillées, les femmes priaient. Les hommes, tête nue, étaient immobiles, un peu en retrait. Incarnacion était couchée sur le ballast, la tête sur une traverse qui lui servait d'oreiller ; Joubert vit la scène et se dressa sur son siège pour mieux voir, car la route était en contrebas du chemin de fer :

— Haha, s'écria-t-il sans reconnaître personne, un accident ? Je l'ai toujours dit : cette chaudière du diable ne nous vaudra que plaies et bosses, haha ! que n'avez-vous pris la diligence du colonel Joubert ?

Il enveloppa d'un grand coup de fouet ses chevaux exténués et les trois diligences, qu'Incarnacion avait repeintes, dans les solitudes, passèrent en tourbillon. On n'entendit plus que les éclats de rire du reître : « Haha le chemin de fer est un dieu qui a soif ! Un dieu exigeant ! Haha, un mort pour commencer, haha ! Première victime propitiatoire ! Haha, on en verra d'autres !

— Cet homme n'a donc pas de cœur ? murmura Caroline en se signant.

— C'est sa fille ! répondit Lazare en montrant la morte, et il ne l'a pas reconnue.

Et l'orage éclata.

Voilà comme finit la petite bohémienne.

Lazare se remit à son travail avec rage. Quelque chose était changé en lui. Sa brutale gaillardise se fit plus songeuse. Il pensa tout à coup que la vie n'était peut-être pas cette sorte de bruyante kermesse, cette inoffensive partie de mystification et de franche ripaille qu'il avait jusqu'alors imaginée.

Il reprit ses plans d'injecteur, en discuta longuement avec Jeandrot, regretta amèrement de ne plus rencontrer Gustave Eiffel qui, à l'époque, commençait ses grands ponts, puis enfin fit plusieurs démarches, à la tête d'une délégation, auprès de son ingénieur, pour demander qu'un abri soit posé sur toutes les locomotives. Il mit, pour réclamer cet écran, beaucoup plus de hargne et de violence que la chose n'en méritait en vérité. On aurait dit qu'en se consacrant à cette idée généreuse, il voulait racheter ses faiblesses. Il s'attribuait la mort de la bohémienne et, avec son

156

franc parler, il en arrivait à se dire : « Assez de dégâts comme ça ! Ne t'avise plus de parler aux filles. Tes grosses pattes de boute-feu sont trop rugueuses pour toucher des fleurs comme ça ! Tu n'es bon qu'à branler le ringard et chatouiller le frappe-devant ! Tu n'as qu'une bonne amie possible : La chaudière. Voilà la maîtresse qu'il te faut ! brûlante et dévorante. Tu n'as qu'une coterie : celle des compagnons roulants. Tu n'as qu'une famille : celle des dépôts et des gares. Tu n'as qu'une église : la rotonde ! On ne pense pas aux jolis jupons ni aux douceurs du conjugo lorsqu'on est le curé d'une religion comme celle-là ! »

Et il repartait à la charge pour obtenir que les chauffeurs et les mécaniciens fussent protégés par un pare-brise.

Les ingénieurs répondaient que de trop grandes commodités sur la machine entraîneraient un relâchement dans la discipline de route. Abrités de l'air qui les vivifiaient, engourdis par la chaleur et les gaz du foyer, les équipes s'endormiraient à coup sûr. Il n'y avait pas si longtemps que monsieur Thiers et monsieur Arago avaient promis la mort par asphyxie aux voyageurs eux-mêmes.

— Comptez-vous pour rien la conscience professionnelle ? répondait Lazare qui, en bon

Eduen, ne manquait pas de rhétorique. Et ne pensez-vous pas que les hommes qui ont choisi de faire ce métier au péril de leur vie, n'aient pas accepté, à l'avance, les servitudes qui l'accompagnent et ne soient pas résolus, quoi qu'il arrive, à sacrifier beaucoup de choses à l'intérêt commun ?

C'étaient là les premiers essais d'une prose aujourd'hui bien connue. Avec le rail et l'essor industriel une mystique naissait, mais aussi un style, dont Lazare se gargarisait.

Il s'échauffait à ce jeu, car il se sentait soutenu par ses camarades qui admiraient son éloquence et son courage. Il arrivait, lorsqu'il parlait à l'ingénieur, que ses paroles dépassassent ses pensées. Il faisait preuve, alors, lui, l'individualiste, d'un amour inattendu pour la collectivité. N'y avait-il pas, là-dedans, un peu de cabotinisme ? d'ivresse électorale ?

Quelquefois, devant le succès de ses surenchères, il se surprenait à ricaner :

— C'est facile, en somme, de plaire au troupeau ! ou encore : « Faudra, un jour, que je fasse de la politique ». Tentation qui est venue, depuis, à beaucoup de Français.

Il ne lui échappait pas que tous ces hommes attirés à la ville par le rail et l'industrie étaient presque tous des paysans qui avaient quitté la terre en vendant ce qu'ils y possédaient et qu'il suffisait de reprendre devant eux les théories saint-simoniennes ou fouriéristes pour jeter dans les transes ces Jean-sans-terre. Il sentait que, devant eux, celui qui parlait de révisions sociales, de répartition des richesses et de réorganisation de la société, aurait toujours raison, les idées de partage ne venant bien qu'à ceux qui ne possèdent rien.

Il y avait des jours où le dépôt, avec ses équipes montantes et descendantes, ses ouvriers, depuis les ajusteurs jusqu'aux ramougnats gratteurs de tubes, faisait comme une cuve en effervescence. Non seulement c'était, avec ses 630 agents, la plus grande usine de Dijon, mais elle conditionnait toutes les autres. Depuis la création de la ligne, les anciennes entreprises avaient quadruplé leur chiffre d'affaires et plus de dix autres s'étaient créées.

L'abbé Girardot venait en parler avec Lazare en prenant une trempusse ; tout en coupant ses mouillettes de pain frais et en les trempant religieusement dans son vin sucré, l'abbé écoutait Lazare lui parler de la vie du dépôt, des incidents de route, des misères et des joies des conducteurs.

— Voyez-vous, Lazare, disait-il, ce qui me frappe c'est que le progrès est en train de changer le mode de vie. Déjà le chemin de fer et les industries qu'il développe un peu partout ont brisé le rythme saisonnier et réparti uniformément sur toute l'année le travail des hommes. Non seulement vous travaillez le dimanche et les fêtes chômées, mais le service exige que les trains roulent par la pluie comme par la canicule, l'hiver comme l'été, la nuit comme le jour. Déjà les hauts fourneaux imposent la même docilité. Dans cinquante ans, le monde vivra à ce rythme industriel. Si les chefs d'entreprise n'y prennent garde, l'ouvrier sera l'esclave de la machine...

— Pour sûr !

— Il faut, dès à présent, maintenir ou rétablir, par des lois religieuses et sociales, l'antique alternance repos-travail, le rythme canonique des fêtes...

— Vous êtes jar un sapré curé ! s'écriait l'ancien forgeron en lui donnant une belle tape sur l'épaule.

— Vous souvenez-vous, Lazare, continuait l'abbé, de la vie de votre village natal, de votre vie d'artisan ?

— Plutôt que je m'en souviens !

— Vous travailliez ferme, mais par à-coups. Pendant de longues journées d'hiver, le village somnolait. Les chevaux restaient à l'écurie, les hommes faisaient de la vannerie ou de menus travaux. Couchés à six heures, levés à six. Douze heures de jour, douze heures de vie végétative.

Tout le monde reprenait force pour les labours ou les gros travaux d'été qui ne ménageaient ni hommes ni bêtes...

— Oui : une semaine de bourre et la semaine d'après on traînait...

— Sans parler des fêtes de saints patrons !

— Hé bon Dieu oui !

— Vous, forgeron, la Saint-Eloi, vous n'y manquiez pas ?

— Non seulement la Saint-Eloi, l'abbé, mais la Sainte-Barbe, et aussi la Saint-Crépin que mon père chômait avec ses compagnons pour faire la fête avec notre confrère bourrelier... et aussi la fête des charrons ! Nous chômions aussi pour la paulée de fauchaison, chez nos clients cultivateurs, celle des moissons, celle des vendanges, la Saint-Martin, la Saint-Andoche...

— Puis la fête patronale...

— Le lundi de Pentecôte, oui, à Châteauneuf, et dans les autres villages, lorsque la fête tombait un dimanche on chômait le samedi.

— Pourquoi ne parlez-vous pas, alors, des Quatre-Temps et des vigiles de fêtes, qui étaient chômées en principe !

— Et ces fêtes étaient au nombre de... ? (Lazare comptait sur ses doigts.)

— Ne comptez pas, Lazare, s'écriait l'abbé, le compagnon chômait, en comptant les dimanches, bien entendu, environ soixante-dix jours par an, sans parler de la fête patronymique du patron et quelquefois celle de la patronne. Ce n'était ni trop ni par hasard, car c'est le compte nécessaire : deux jours chômés par semaine, au rythme inégal des saisons, voilà ce qui convient à l'homme. Tant que nous ne serons pas revenus à cette proportion et à cette alternance, le progrès sera une mystification, une douloureuse mystification, dont l'ouvrier, arraché à sa terre, démuni de tout, fera les frais.

— Bravo, l'abbé ! criait Lazare.

Et, là-dessus, en avalant d'un coup la fin de sa trempusse, l'abbé Girardot, l'œil prophétique, clamait : « Le progrès peut être bonheur, il peut être aussi fléau, il suffit pour cela qu'il s'accomplisse en dehors du Christ. » C'était une phrase des *Paroles d'un croyant* de l'abbé Lamennais, et l'abbé Girardot enchaînait, à mi-voix :

— « Je vois au Septentrion des hommes qui n'ont plus qu'un reste de chaleur concentré dans leur tête, et qui les enivre, mais le Christ les touche de sa croix et leur cœur recommence à battre... »

L'œil humide, l'abbé Girardot continuait :

— « Je le dis et le redis : Attention à vous, hommes du peuple, le progrès ne vous amène que larmes et amertume s'il se borne à remplacer les autocrates par les technocrates, ceux-là dont précisément le reste de chaleur est concentré dans la tête ! Vous n'avez besoin que de ceux dont la chaleur est concentrée dans le cœur ! »

Lazare lui versait une seconde trempusse où il puisait nouvelle ardeur pour s'écrier : « Et surtout écoutez ceci :

Et il se mettait à réciter le passage sublime : « Lorsqu'un arbre est seul, il est battu des vents et dépouillé de ses feuilles... Lorsqu'une plante est seule, ne trouvant point d'abri contre l'ardeur du soleil, elle se dessèche et meurt... Lorsqu'un homme est seul, le vent de la puissance le courbe vers la terre et la convoitise des grands de ce monde absorbe la sève qui le nourrit...

« ... Qu'y a-t-il de plus faible que le passereau et l'hirondelle ? Cependant, quand paraît l'oiseau de proie, les hirondelles et les passereaux arrivent à le chasser en se rassemblant autour de lui et en le poursuivant tous ensemble. Prenez exemple sur le passereau et l'hirondelle.

« ... Dieu n'a fait ni petit ni grand, ni maîtres ni esclaves, ni rois ni sujets, mais entre les hommes quelques-uns ont plus de force de corps, d'esprit ou de volonté, et ce sont ceux-là qui cherchent à assujettir les autres, lorsque l'orgueil ou la convoitise étouffent en eux l'amour de leurs frères...

— C'est un curé qui a dit ça, l'abbé ? demandait Lazare.

Mais, arrivé à ce point d'excitation, Girardot n'entendait plus rien et continuait :

« ... Voilà pourquoi Dieu a commandé aux hommes de s'aimer afin qu'ils fussent unis et que les faibles ne tombassent pas sous l'oppression des forts...

— C'est un curé qui a dit ça ? demandait encore Lazare.

— C'était un grand chrétien, Lazare, répondait enfin le prédicateur, et puisque vous semblez vous intéresser à lui, je vais vous réciter un passage terrible. Chaque fois que je le répète, mon cœur éclate, Lazare... Ecoutez :

Et dans le crépuscule, alors que le soleil découpait dans le ciel la silhouette du Mont Afrique et que la plaine de la Saône était mauve de brumes, l'abbé, la figure dans ses grandes mains, longues comme un jour sans pain, prononçait cette terrible prophétie, écrite par Lamennais en 1830 et que bien peu de gens connaissent aujourd'hui :

« ... Un jour, l'homme méchant dit à ses frères : Vous travaillez pendant six heures et l'on vous donne une pièce de monnaie pour votre travail. Travaillez pendant douze heures et vous gagnerez deux pièces de monnaie.

Et ils le crurent.

164

Il leur dit ensuite : Vous ne travaillez que la moitié des jours de l'année ; travaillez tous les jours de l'année, et votre gain sera double.

Et ils le crurent encore.

Or il arriva de là que la quantité de travail étant devenue plus grande de moitié, sans que le besoin de travail fût plus grand, la moitié de ceux qui vivaient auparavant de leur labeur ne trouvèrent plus personne qui les employât. Alors l'homme méchant qu'ils avaient cru leur dit : Je vous donnerai du travail à tous, à condition que vous travaillerez le même temps et que je ne vous paierai que la moitié de ce que je vous payais, car je veux bien vous rendre service, mais je ne veux pas me ruiner. Et comme ils avaient faim, ils acceptèrent la proposition de l'homme méchant, et ils le bénirent même car ils disaient : Il nous donne la vie !

Continuant à les tromper de la même manière l'homme méchant augmenta toujours plus leur travail et diminua toujours plus leur salaire.

Et ils moururent, faute du nécessaire, mais d'autres s'empressaient toujours de les remplacer, car l'indigence était devenue si profonde, que les familles entières se vendaient pour un morceau de pain, et l'homme méchant amassa des richesses et devint tout-puissant...

L'abbé venait de s'arrêter net et restait prostré. Lazare lui mit la main sur l'épaule. Il lui demanda de continuer, mais le brave Girardot ne le put, car il pleurait comme Madeleine au calvaire.

Au bout d'un moment, il reprit la parole en souriant, comme pour s'excuser :

— Puisse cette prophétie ne jamais se réaliser... D'ailleurs, les merveilles de la science peuvent nous amener l'âge d'or ! La misère, vaincue, sera remplacée par le bien-être et, grâce à la machine, nous ne travaillerons que la moitié du temps... en gagnant autant ! Travaillons à l'avènement de ces jours heureux !

— Y parviendrons-nous ? demandait Lazare, les yeux écarquillés d'admiration.

— Oui, si nous savons nous unir, et nous unir dans l'amour !

Lazare, facile à enflammer, répétait :

— S'unir, oui, s'unir, voilà ce qu'il faut faire !

— Dans l'amour, insistait l'abbé.

Et Lazare sentait en son cœur une grande chaleur et il lui semblait voir une grande lueur d'espoir.

Et cela lui donnait du courage.

Dans l'été, il se produisit des événements qui devaient avoir, sur la vie de Lazare Denizot, une grande influence, comme on verra.

Le 2 août, deux trains descendaient à toute vapeur la fameuse pente de Blaisy. Ces deux convois remontaient sur Paris une partie du 49e régiment de ligne qui revenait d'Italie, chargé de gloire, bien entendu.

On avait bien espacé les deux trains au départ de Dijon, mais le premier avait eu, dans la rampe de Velars et jusqu'au-delà du souterrain, de gros ennuis avec son charbon, de telle façon qu'il passait à Verrey avec une très faible avance sur le second.

Ce deuxième convoi était conduit par le père Jeandrot lui-même, qui, sans avoir pris de repos depuis deux jours, avait été attelé à ce train militaire qui, pour lors, roulait à toute vitesse. Pour comble de malchance, à la sortie de la courbe de Darcey, trois vaches étaient plantées au milieu de la voie, alors que la petite vachère, affolée par l'arrivée du train, courait entre le rail pour les chasser.

Le premier convoi eut un coup de frein violent et put ralentir à temps. Les vaches s'écartèrent lentement et il put reprendre sa route. Il n'avait pas encore repris sa vitesse lorsque le second, caché par la colline, déboucha.

En quelques secondes la machine fut sur le

wagon de queue du premier convoi qu'elle fracassa. C'était une diligence de quarante-six places où les cantinières du 49ᵉ avaient installé l'infirmerie. Sous ce choc terrible, cinq wagons couverts se télescopèrent et versèrent, et lorsque les deux convois s'arrêtèrent il y eut un fracas extraordinaire qu'entendirent même les gens de Flavigny, paraît-il.

Lorsque tout ce bruit fut brusquement apaisé, on n'entendit plus que les cris des trente-huit blessés et le souffle de la locomotive de Jeandrot, touchée à mort. Il n'y avait que quatre morts : deux cantinières et deux officiers, et parmi les blessés graves se trouvaient Jeandrot et son chauffeur, tous deux brûlés par la vapeur et broyés.

On ramena les blessés à l'hôpital de Dijon et c'est là que Lazare se précipita au chevet de son vieux camarade. Il s'y trouva en même temps que la petite Caroline ; pour lors, le vieux mécanicien était immobile. Dans ses pansements, il semblait mort et la fille, en le voyant, prit la main de Lazare, et ils restèrent ainsi, épaule contre épaule, n'osant pas même respirer.

Dijon était en émoi. Dans les rues, des groupes se formaient. Dans les cafés, les hommes, abandonnant les commentaires politiques, se faisaient raconter l'accident par les gens du chemin de fer. Des rumeurs naissaient lorsqu'un des orateurs s'écriait : « Il est inimaginable que des convois monstrueux se lancent ainsi sur les rails, à des vitesses effroyables ! Si de telles collisions sont possibles, le chemin de fer est un danger public ! »

Lazare était allé trouver l'abbé Girardot qui, debout dans la salle commune du presbytère, cherchait à convaincre ses confrères : « Vous voyez bien, s'écria-t-il, que ces gens du chemin de fer ne mènent pas une vie de chrétien ! » A l'entendre, il eût fallu un prêtre dans chaque convoi, pour assister les mourants éventuels.

Lazare fit, près de l'abbé, provision d'ardeur et d'éloquence et c'est plus convaincu que jamais qu'il rassembla les amis au café de l'Arquebuse. Tout d'abord, dans une boîte à biscuits vide, il fit une quête pour Jeandrot et son compagnon chauffeur, puis il en vint au discours qu'il avait ruminé en allant et venant. Dès qu'il avait appris, par le médecin, que Jeandrot risquait de rester estropié, il avait été repris par son idée fixe : Comment sommes-nous protégés, nous, les gens des machines et des trains, contre les accidents et contre leurs conséquences ? Il faut se grouper pour demander aux compagnies des primes de danger et des secours en cas d'accident, exiger des abris et des dispositifs efficaces pour maintenir l'espacement entre les trains ! » Et il avait réuni son état-major.

Monté sur une chaise (il ne pouvait parler assis, tant ses sentiments étaient vifs), il haranguait ses collègues :

— En trois ans, à ma connaissance, les hommes des machines ont payé cher l'honneur de conduire les convois. On aime son métier, bien sûr, mais pas jusqu'à la mort, ni au déshonneur ! — Quand notre ami Jeandrot sera guéri, en admettant qu'il guérisse un jour, il lui restera encore à comparaître devant un tribunal, comme un assassin. Et on le condamnera, c'est moi qui vous le dis !

N'oublions pas que, dans l'accident d'Arles notre confrère Fèvre qui, après quatorze heures consécutives de conduite, ne vit pas le drapeau du chef de gare, fut condamné à deux ans de prison et cinq cents francs d'amende ! — Et à Saint-Louis-des-Aygalades ? Bonfils en prit pour deux mois et deux cents francs d'amende ! A Villeneuve-les-Béziers, le 28 avril, Canet, le mécanicien survivant, dut payer cinquante francs d'amende et faire six mois de prison, et l'année dernière, à Saint-Germain, il vous en souvient, frères, Rousseau, Duhautoire et Quenelle payèrent de six mois de prison l'honneur de manier le ringard, et si Lacotte, le chef de train, n'alla pas au gnouf, c'est qu'il avait été tué sur le coup. Tué aussi le mécanicien Lelièvre et le chauffeur Cornier ! Et

Duval, en avril ! Le seul survivant de cette affaire, le garde-freins fit cinq mois de prison !

Qui nous dit que Jeandrot n'aura pas la honte de moisir sur la paille des cachots après avoir donné une jambe ?

Alors quoi ! battu, cocu, manchot, cul-de-jatte et content ? Vive le chemin de fer ?

Moi, le Bourguignon Lazare Denizot, « l'Honneur de son père » (il reprenait là ses titres de compagnonnage) je vous le dis tout dret, si nous ne nous reverrons pas, on nous fourrera bientôt tout crus dans le foyer de nos machines, et nous n'aurons que le droit de chanter les louanges de la vapeur ?

Et il citait Lamennais : « Lorsqu'un arbre est seul il est battu des vents et dépouillé de ses feuilles... Quand paraît l'oiseau de proie, les hirondelles et les passereaux se rassemblent et, en le poursuivant, tous ensemble parviennent à le chasser... »

— Se grouper ? c'est bientôt dit, coupa un vieil ajusteur qu'on nommait Triplepanse, mais si on veut aller en prison, c'est encore le plus sûr moyen !

Il y eut un silence. C'était vrai : Napoléon III avait petit à petit remis en vigueur les lois prohibitives d'avant 48. Le droit d'association était pratiquement refusé aux ouvriers et tous les assistants pensaient que Lazare allait en convenir et s'avouer vaincu par cet interrupteur, mais il eut un sourire et un clin d'œil et descendit de sa tribune improvisée pour continuer à voix basse :

— J'y ai longuement réfléchi. Si la loi nous interdit de nous grouper en sociétés politiques, elle nous autorise à fonder une société de secours mutuel. Vous souvenez-vous de cette « Société fraternelle des mécaniciens » et de cette « Association des travailleurs des chemins de fer » créées dans l'enthousiasme de 1848, l'année terrible ? Passée la flambée, on n'en a plus jamais parlé. Ces sociétés sont mortes comme par enchantement, mais rien n'empêche de les reconstituer ! J'ai bien lu et relu avec des amis éclairés (il voulait parler de l'abbé et de Gustave Eiffel). Non, rien ne nous interdit de former une société d'entraide par cotisation. Frères ! on se rassemble tous pour aider et nourrir la famille des amis malades ou victimes d'accident de la profession.

Il y eut un long silence houleux.

— Ce n'est pas subversif ! dit enfin un mécanicien qui aimait les grands mots.

— ... L'occasion est belle, reprit Lazare, et personne ne peut nous poindre pour avoir voulu porter secours à un frère dans le guignon !

On fut d'accord.

Le lendemain, sous couleur de quêter pour

172

Jeandrot, on fit le tour des ateliers et du dépôt, et on donna le mot à tous pour une réunion générale.

Un grand enthousiasme battait aux tempes de Lazare et, plus discrètement, dans le cœur de tous les gens du chaudron. Les oreilles s'ouvrirent et les porte-monnaie aussi. Rien ne fut dit qui pût trahir les buts profonds de l'entreprise, mais tout le monde comprit qu'au-delà de Jeandrot, qu'on aimait bien, et qu'on voulait sauver, il y avait quelque chose d'immense et de dangereux. Et le danger plaisait à tous ces coureurs de rail. Le danger et la bagarre. On allait s'unir pour être plus forts et peut-être — qui sait — allait-il falloir s'empoigner avec la maréchaussée ?

La collecte rapporta huit cents francs. Une petite fortune, et on délégua Lazare et deux de ses amis (Beaujouir et le Trébeulot) pour aller l'offrir à maman Jeandrot.

A vrai dire, cette fois Lazare était enivré par le succès de sa campagne : cet argent, si facile à rassembler, ces regards admiratifs, les commentaires flatteurs venaient, tout doucement, de faire culbuter Lazare dans une ivresse d'action, de générosité où la vanité et même l'orgueil mettaient leur grain de folie. L'ambition politique aussi, il faut bien l'avouer, car il venait d'entrevoir de grandes techniques électorales pour piper les voix, surtout celle qui consiste à exploiter la misère.

Il provoqua une nouvelle réunion générale. Il annonça partout qu'il y voulait remercier, au nom de Jeandrot, tous les « frères », mais, au fond du cœur, il se proposait de glisser, dans son inévitable harangue, le maître mot de solidarité, que lui soufflait l'âme brûlante de Lamennais et qui peut habilement recouvrir les plus véhémentes revendications.

Lancé sur cette voie, un homme comme lui ne pouvait plus s'arrêter.

Pourtant, ayant appris à temps, par des amis des bureaux, que des mouchards se mêleraient aux écoutants, il sut modérer ses expressions, sans pouvoir se retenir, cependant, de réciter les plus belles phrases de Lamennais et de l'abbé Girardot. Il s'en attribua sans vergogne la paternité, et lorsque les bravos crépitèrent, il se prit pour le messie.

Le lendemain il fut appelé par l'ingénieur.

Il s'attendait au pire, mais l'ingénieur était polytechnicien, neveu de Marc Seguin et disciple attardé du père Enfantin. Il disait souvent avec un naïf orgueil qu'en construisant voies et ponts de chemin de fer il écrivait sur le sol la doctrine saint-simonienne. Il félicita donc Lazare si sincèrement que celui-ci s'enhardit à lui parler de sa société de secours mutuel. L'autre qui, on l'a deviné, était un socialiste sentimental, en eut des larmes aux yeux et s'écria :

— Comme je vous comprends, mon cher Denizot ! Et comme je vous approuve ! Et pour vous le prouver, je vous prie de mettre mon nom en tête de la liste de vos adhérents !

Et il lui donna cinq louis pour les ajouter à la collecte du père Jeandrot.

Tout semblait aller à merveille.

Un matin, donc, Lazare et ses deux assesseurs se présentaient, endimanchés, cravate à fleurs, cols flottants et moustache en fête, au numéro 8 de la rue Chaudronnerie, chez le père Jeandrot. Lazare portait le petit coffre où les neuf cent cinquante francs pesaient lourd. Il frappa et s'attendait à voir Caroline en personne. Ce fut la mère qui vint ouvrir.

Elle eut vite fait de comprendre le but de leur visite et si elle n'éclata pas en sanglots, d'émotion, c'est qu'elle avait été entraînée, dès sa jeunesse, à résister à toutes les faiblesses, même celle que donne la joie.

Lazare commençait son compliment :

— Voici ce que tous les frères du dépôt et des

ateliers vous envoient... Nous avons tous signé le
pacte sacré que...

Il s'arrêta net. Qu'avait-il aperçu par la porte
entrouverte ? Caroline. Caroline penchée sur ses
casseroles. Il ne l'avait pas vue depuis quelques
semaines, sinon au chevet du blessé, et il n'en
revenait pas de voir comment elle avait embelli.
Etait-ce la chaleur de son foyer ou le fumet de sa
cuisine qui l'épanouissaient ainsi ? Elle était plus
rose, l'œil plus brillant, plus grand aussi, quoique
toujours un peu bridé par ses hautes pommettes,
surtout le cheveu plus ardent, passant du marron
roux sur le sommet de la tête, au maïs sur les
tempes, avec les reflets inégaux d'une noisette en
août.

Sa petite poitrine, ramassée en un caraco bleu,
fermé d'une modestie en étoffe blanche, formait
une sorte de bouquet d'où jaillissait la fleur de son
visage.

Lazare resta bouche bée, le temps de happer au
passage ce spectacle merveilleux. Il avala l'eau qui
lui en venait à la bouche et continua :

— ... Le pacte sacré qui... le pacte sacré
dont...

Puis, se fâchant en posant brutalement le coffre
sur la table : « ... Bref, voilà de quoi attendre que
le père Jeandrot soit bra'ment retapé ! »

La mère ouvrait la cassette avec une lenteur

peureuse, y découvrait les jaunets et, tremblante, se tournait vers la porte de la cuisine en psalmodiant :

— Oh... Oh... Caroline ! viens voir !... Viens voir ce qu'ils ont fait !... Oh !

Caroline entra, les mains tachetées de pâte, qu'elle cachait dans le coin relevé de son devantier. Son émotion la rendit éblouissante. Ah, Caroline comme à cette heure tu aurais fait plaisir à Lazare en lui sautant au cou ! Mais ce sont là des choses qui ne se font pas et tu es rentrée dans ta cuisine pour y verser quelques larmes dans ton sanctuaire où brunissaient, sur la plaque du fourneau, les casse-dents. Tu en as jeté deux poignées sur un plat de faïence de Gien et, prenant dans ta jolie main la bouteille de cassis de ménage, tu t'es faite la servante de ces trois hommes. La plus saine façon de leur montrer ta reconnaissance que de te taire ainsi et de leur verser la liqueur que tu avais pressée, cet été, dans tes braves mains ?

Lazare pensa : « Pas de récris, pas de jérémiades, pas de fariboles ! Du cœur et de la tête, voilà une fille comme il me faudrait ! »

Il avait pensé cette phrase sans y prendre garde. Il en fut tout émoustillé. Cela lui redonna sa langue. Prenant son verre en main, il reprit d'une voix forte, tenant à son petit effet :

— ... Le plaisir m'a fait bafouiller tout à l'heure. Je voulais dire que nous avons tous signé le pacte d'honneur de ne jamais...

Mais cette fois encore, il fut interrompu : la clochette de l'entrée venait de résonner et Caroline courait voir. Elle recula bientôt, confuse, devant celui qui entrait : un grand flandrin, blanc comme un navet, que tous connaissaient bien. C'était un chef mécanicien du dépôt qui avait un nom bizarre et qu'on nommait « l'Anglais ».

Il entra lentement, tourna sa casquette entre ses mains rougeaudes, et salua gauchement. Il avait un accent qui amusait ses collègues.

C'était bien un Anglais, et la rivalité qui l'opposait à Lazare n'était encore que professionnelle. Son nom était William Barnay. C'était un de ces mécaniciens britanniques que l'on avait fait venir en France pour apprendre aux Français les secrets de la locomotive.

Il y avait belle lurette que les élèves n'avaient plus rien à apprendre des maîtres, mais le contrat était là et les Anglais tenaient ferme à leurs prérogatives. En bref : ils étaient mieux payés que les Français ; en outre, ils étaient lents à trouver réplique, buvaient trop et trop vite, sans paraître goûter ni jouir de leur palais ; dans leur grande bouche, un noah valait un pinot, un chambertin glissait comme une piquette ; ni langue, ni palais, partant des hommes incomplets.

En outre c'étaient des protestants.

Celui-là, pour lors, restait dans le « carré », tenant un bouquet dans ses pattes, gêné de l'offrir devant ces trois gaillards, ses subalternes, qui le regardaient d'un air goguenard.

Il avala d'un seul coup sec le verre de cassis qu'on lui offrait, basculant au fond de son gésier cette goutte de nectar, comme s'il eût envoyé dans le foyer une pelletée de charbon. Cela fit un bruit mat et inconvenant. Alors que les trois Bourguignons, faisant jouer la lumière dans les facettes du cristal, n'en étaient encore qu'à l'étude de la couleur et s'apprêtaient seulement à passer à l'examen du parfum, l'Anglais avait déjà tout dégluti ; il resta là, le verre vide, stupide comme une cigogne qui viendrait de gober une perle et qui attendrait la suite du collier.

— De la confiture aux pourceaux ! grogna le Trébeulot.

— Dis-moi comment tu bois, et je te dirai qui tu es ! murmura Lazare.

— Ainsi boivent les parpaillots, ou bien rien, ou bien trop, surenchérit Beaujouir, qui n'avait pas de complexes œcuméniques.

— Buveur de bière, suppôt de Luther… commença Lazare.

— ... Homme de guère ! » répondirent en chœur ses deux acolytes.

— Buveur de gin, suppôt de Calvin, psalmodia Lazare.

— ... Homme de rien ! » répondirent les deux autres, sur un ton de complies.

— Calvin ? demanda naïvement Lazare... Qu'a le vin triste, je suppose ?

Caroline avait bien du mal à ne pas rire. Lazare se tourna vers elle et lança : « Caroline, ma belle, servez plutôt monsieur dans votre sapine à vaisselle ! Puis, sans prendre le temps de souffler, sa verve venait de se débonder : « Que ne branche-t-on sur ce gosier l'injecteur de monsieur Giffard ? »...

Au bout de trois minutes de ce jeu, l'Anglais sortit en claquant la porte, alors que maman Jeandrot tentait gentiment de le retenir.

Lorsqu'elle revint, elle fit les gros yeux aux trois pince-sans-rire : « Garnements ! Galopins ! Il n'a pas fini maintenant de vous faire endêver dans le service !

— Marchez, maman, répondit Lazare, pour le service, on ne craint personne ! »

Et tous éclatèrent de rire.

Le lendemain, alors que Lazare entrait au dépôt, il trouva l'Anglais devant lui.

— Avant d'entrer, je voudrais m'expliquer avec toi ! cria Barnay.

Lazare répondit : « Je suis prêt à t'affranchir sur tout ! », et, devant l'entrée, sous le regard des mécaniciens, chauffeurs, ajusteurs, forgerons, chaudronniers, qui affluaient, ils enlevèrent la veste, la chemise, et la danse commença.

L'Anglais pratiquait la boxe, qu'on ne connaissait pas en France et surtout pas en Bourgogne ; Lazare employait la « savate parlée », cette lutte libre, faite de feintes et de foudroyantes attaques de mains et de pieds, où les combattants, comme les guerriers gaulois, dit-on, commentent à haute voix leurs coups et apostrophent, à la manière grecque, leur ennemi, variant en même temps leur tactique et leur rhétorique, accordant la puissance des coups à l'ampleur de la voix. Barnay, lui, ne disait pas un mot, mais frappait fort.

Ce fut un feu d'artifice.

Le lendemain, Lazare, autant talé des coups donnés que des coups reçus, décida de parler à Caroline. A tant attendre un clair de lune convenable, ne risquait-il pas que l'Anglais se déclarât le premier ? Peut-être même était-il trop tard ? Ce bouquet que tenait le corniaud, en entrant chez la belle ? Cet air de componction et de suffisance ?

181

Il prit la résolution de parler, dès le lendemain si possible.

Pourtant, des événements graves l'accaparèrent brutalement : Jeandrot en était à son sixième mois d'hôpital. Brûlé par la vapeur, la rotule du genou droit cassée, il n'avait été qu'une inerte momie dans ses pansements pendant soixante jours. Tout le dépôt de Dijon avait défilé sous les toits bigarrés de l'hôpital. Ç'avait été comme une garde d'honneur ininterrompue de toute la corporation autour d'un des siens en danger de mort.

Tous étaient incroyants, du moins ils le disaient, comme il est de bon ton chez les gens du fer, mais, plus forte qu'une foi en l'au-delà, un sentiment puissant les soudait les uns aux autres et les portait à croire en la force de leur collectivité.

Ce défilé d'hommes noirs fit une grande impression sur les bonnes sœurs, et la mère Supérieure disait à Jeandrot : Vous avez de bien nombreux et de bien fidèles amis ! C'est dommage qu'on ne les voie pas plus souvent à la chapelle !

— C'est peut-être qu'ils n'ont pas besoin de sermon pour s'aimer les uns les autres ! répondit Jeandrot.

— Peut-être... murmurait la Mère, en souriant d'indulgence.

Là-dessus, Jeandrot était rentré chez lui ; mais si le supplice de son corps venait de prendre fin, celui de son cœur allait commencer car son procès s'ouvrit. Depuis le jour de l'accident, l'enquête technique tirait en longueur, mais un jour, il se produisit un fait nouveau.

Les gendarmes se trouvaient au café Agnus, à Darcey, pour y interroger tout un chacun sur les circonstances de la catastrophe, lorsque Claude Bacherot, dit le Daudis, dit La Loutre, entra pour boire une chopine.

— La catastrophe ! ha ha ha ! lança-t-il d'un air entendu.

— Auriez-vous quelque chose à déclarer ? lui lança le brigadier à brûle-pourpoint.

— Mon brigadier, je peux vous dire une chose : Si le cheval s'endort, culbute la voiture !

— Que voulez-vous dire par là ?

— Je veux dire, mon brigadier, que le chauffeur était étendu sur le charbon et que le mécanicien était aqueubi sur sa main courante et qu'ils dormaient comme des rats-vougeux !

— Vous les avez vus ?

— Je les ai vus. Je fauchais le blé. Et les ont vus comme moi le Denis qui faisait l'andin à ma gauche, et le Philibert qui faisait l'andin à ma

183

droite, et la Banniche Sigoyot qui était aux liens, derrière, et les ont vus tous les moissonneurs depuis Blaisy jusqu'à la Serrée de Gissey !

— Faites bien attention à ce que vous dites, c'est très grave. Les avez-vous vus ?

— Tout le monde les a vus !

— Comment se fait-il alors qu'on n'en ait pas fait état dans le rapport des enquêteurs ?

— Parce que les enquêteurs n'ont interrogé que des gens du chemin de fer, qui n'ont rien dit. Ces gens-là se soutiennent, mon brigadier !

Là-dessus, les langues se délièrent. Il y eut un rapport complémentaire et Jeandrot, encore béquillant, fut convoqué chez le juge.

Lazare aurait bien voulu l'y accompagner, mais il roulait alors sur Lyon et ne rentrait que tous les deux jours, pour manger et s'effondrer sur son lit. Jeandrot se présenta donc seul chez le juge. Il y trouva l'ingénieur.

— Des témoins, dit le juge, nous affirment que vous étiez endormis sur la machine peu avant l'accident, votre chauffeur et vous.

— C'est possible, oui, répondit Jeandrot, il peut bien se faire que nous nous fussions endormis.

— Malheureux ! s'écria l'ingénieur, vous signez votre condamnation et vous allez m'obliger à vous punir !

184

— C'est à peu près certain que nous étions endormis, répliqua fermement Jeandrot. Mais vous ne me punirez pas.

— Comment cela ?

— Parce que vous allez regarder ma feuille de service. Vous y verrez que nous avions marché trente-cinq heures consécutives lorsqu'on nous a commandé de remorquer ce train militaire. Trente-cinq heures sans nous reposer. Là-dessus, il a fallu repartir. Nous avons tenu dans la montée parce qu'il fallait charger le foyer et maintenir la pression, mais le souterrain est venu, dans l'obscurité, on s'est assoupis. La pente est arrivée qui nous emmenait jusqu'à Darcey. Nous avions donc trente-huit heures de machine lorsque l'accident s'est produit. Trente-huit heures sans désemparer, mossieu l'ingénieur. Donc à la trente-huitième heure, il paraît que nous nous sommes endormis. Vous êtes justes, messieurs. Concluez !

C'était dit avec calme et dignité. Les deux arbitres ne furent pas blessés et ce discours simple et précis les plongea dans une profonde méditation. Pourtant, ils inculpèrent Jeandrot, comme la loi leur en faisait obligation.

Aussitôt rentré, Lazare l'apprit et, rugissant comme un lion, tenta de rassembler sur-le-champ tous ses confrères mais ne put réunir que les gens des ateliers, moins mordants que les roulants ; il les dépêcha au domicile des absents, pour battre le rappel de toute la coterie. Ceux qu'on y trouva dormaient, recrus de fatigue. Ils vinrent néanmoins, ensommeillés, le foulard dénoué, bougonnants.

La réunion se tint dans la rotonde où les machines froides semblaient contribuer, quoique immobiles, au lent travail des esprits. Devant ces monstres bien alignés, cerclés de cuivres brillants, les hommes se sentaient en confiance.

Lazare parla. Il avait mis sa culotte à carreaux noirs et gris, sa blouse courte serrée à la taille par un ceinturon, sa casquette de travail. Il était monté sur le tablier d'une Crampton et s'écriait :

— Frères ! Laisserez-vous condamner Jeandrot qui a commis le crime de s'endormir ? Qui ne s'endormirait après trente-huit heures de plate-forme ? Que veut-on de nous ? nous faire perdre l'habitude de manger et de dormir et prendre celle de travailler sans arrêt ? Alors le progrès réalisé dans le monde serait payé par l'abêtissement de toute une corporation, et ce ne serait plus le progrès, car peut-on appeler le progrès ce qui grandit une partie de la société en abaissant l'autre plus bas que les esclaves de l'Antiquité ? L'invention la plus grandiose de tous les temps aurait-elle eu pour effet de remettre en vigueur les pires abus du servage ? (voix dans l'assistance : non !

non !) Les règlements du chemin de fer peuvent-
ils nous laisser plus démunis que les coutumes des
anciennes corporations ? (non ! non !).

Il reprit voix. Les hommes qui l'écoutaient
religieusement eurent un imperceptible mouvement en avant à quoi il reconnut qu'il les empau-
mait bel et bien. Le cercle se resserra un peu
autour de lui et il continua :

— ... Un homme doit certes porter la respon-
sabilité de ses actes et quant à moi, je revendique
hautement celle du chef de convoi lorsque je suis
sur ma machine EN POSSESSION DE TOUS MES
MOYENS, mais si, après m'avoir fait conduire un
train pendant trente-huit heures, après m'avoir
transformé en une sorte de somnambule titubant,
on me demande de faire encore cinquante lieues
en me privant du droit de refuser, alors je dis que
je ne suis plus responsable de la catastrophe qui
s'ensuivra, et je ne suis plus passible d'aucune
punition et si l'on me jette en prison, c'est que
nous sommes revenus aux pires époques de l'arbitraire !

Il récitait là, en les paraphrasant, un passage du
maître typographe Pierre Leroux, un des saint-
simoniens les plus romantiques, dont Gustave
Eiffel lui avait prêté les *Sept discours sur la
situation actuelle de la société*. Il y ajoutait le
lyrisme que lui avait insufflé l'abbé Girardot.

— ... Voilà pourquoi, frères, il faut nous unir.
Comme nous avons versé notre obole pour défendre notre frère contre la mort, nous rassemblerons
nos déterminations pour le défendre contre la
Société, cette Société qui, transformée par nous,
n'a pas su se transformer POUR nous !

Une clameur sourde monta dans la rotonde ;
jamais Lazare n'avait eu ces accents. Ce n'était
plus ni le fendeur, ni le hâbleur, ni le bon luron.
C'était un autre homme.

C'est à ce moment que la porte du bureau
s'ouvrit et que l'ingénieur apparut. Près de lui,
Barnay, l'Anglais, avait un sourire grimaçant. Ce
fut lui qui vint près de Lazare : « Monsieur
l'ingénieur te demande », lui dit-il.

L'ingénieur reçut Lazare avec douceur. C'était
un des rares hommes auxquels l'instruction
n'avait pas donné la certitude de ne se jamais
tromper.

— Mon cher Denizot, lui dit-il, j'ai souscrit de
bon cœur à votre première quête, mais je ne
souscrirai pas à celle-ci.

— Il ne me serait pas venu à l'idée de vous le
demander, monsieur.

— Et pourquoi ? demanda vivement l'ingénieur. Auriez-vous conscience qu'elle est illégale ?
Hésiteriez-vous à m'entraîner dans un délit ?...

Car il y a délit. Votre association n'est plus de secours mutuel mais...

— Je le sais, coupa Lazare, mais Jeandrot n'a pas commis de délit, lui, et il ira en prison ! Aussi faut-il faire quelque chose ! Pourquoi n'enverrions-nous pas une délégation auprès de l'empereur pour lui expliquer... Il aime le chemin de fer ! Il l'a montré dès son avènement en réalisant le programme de 42. C'est grâce à lui si nous avons ces beaux chemins de fer qui rivalisent avec ceux des Anglais ! Sans lui, on irait encore en chaise de poste en six jours, de Paris à Dijon... Il comprendrait !

L'ingénieur était républicain et méprisait l'empereur. Il eut un sourire dédaigneux qu'il réprima bien vite : « Vous êtes jeune, Denizot, dit-il, mais vous êtes bourguignon et vous savez que c'est en Bourgogne que les guerres de religion et les révolutions ont fait le moins de victimes ; c'est un honneur pour vous d'appartenir à cette race opportuniste et fraudeuse qui use de diplomatie, de rhétorique et de jovialité. Jamais de violence !

— Alors, tudieu, cria Lazare en se levant d'un bond, je ferai ce qu'il faudra, mais je sauverai Jeandrot !

— Soyez prudent, mon ami, on emprisonne facilement en ce moment !

189

— J'aime mieux aller en prison pour avoir parlé que de voir Jeandrot y aller pour m'être tu !

Comme il allait sortir, l'ingénieur le rappela et, le regardant dans les yeux, lui dit sèchement :

— Si vous provoquez un autre rassemblement dans les emprises du chemin de fer, je vous « descends » aux ateliers. Vous irez gratter les tubes et vous ne remonterez jamais sur les locomotives !

Lazare devint pâle comme un bureaucrate :

— Vous ne feriez pas ça ? dit-il.

— Je ferai comme j'ai dit.

Lazare sortit. Dehors, il trouva l'Anglais qui finissait de disperser les groupes. Les camarades s'approchèrent de lui en demandant : « Alors ? »

— On nous interdit de nous associer, on nous interdit de nous réunir dans les emprises du chemin de fer, répondit-il. Nous nous associerons clandestinement et nous nous réunirons en dehors du terrain de la compagnie !

Il convoqua tout le monde, secrètement, dans le clos de la mère Mercuzot, dans un grand mouvement de colère généreuse, en disant : On verra ce qu'on verra !

Il ne lui fallut pas longtemps pour changer de ton, le « contre » étant chez lui le délassement du « pour » et le gros bon sens reprenant très vite le dessus en lui murmurant des « à quoi bon ? » et des

« laisse donc faire ». Etendu sur l'herbe du verger, à ses heures de repos, il se fouailla des pires injures : « Tu as bonne mine, Lazare Denizot ! Le défenseur de la veuve et de l'opprimé ! L'avocat des boiteux, l'intercesseur des bancals !... Un carnaval ! voilà ce que tu es ! Un foutu Jacques qui va dépenser son temps, sa salive et sa sueur pour une bande de pangnias qui n'y verront qu'orgueil et vanité ! Et viendront-ils gratter les tubes à ta place ?

Il fermait les yeux et rêvait :

— Ce serait si facile de tout lâcher, de rester chez soi à bricoler et d'aller à la pêche, et de tendre des nasses et des collets... et de prendre femme (bon ! voilà la femme qui revient sur le tapis !)... mais pourquoi pas ?... Caroline... Ah ! Caroline !

Pourtant, le jour de la réunion, il était là pour accueillir ses collègues. Tous ceux qui n'étaient pas de service étaient venus. Comme la propriété de la mère Mercuzot était une ancienne carrière, Lazare monta sur un tertre qui lui servit de tribune et parla devant son auditoire groupé dans le petit amphithéâtre formé par les roches. On aurait dit une réunion de carbonari.

Il leur fit jurer fidélité, dans l'esprit du compagnonnage auquel ils avaient tous appartenu. Les statuts furent discutés et votés. L'essentiel était que rien, dans cette société, ne serait consigné par écrit. C'est donc verbalement que les tâches furent réparties, et l'on se sépara.

Le procès de Jeandrot et de son chauffeur eut lieu tout de suite après cette réunion mémorable. L'abbé Girardot était présent aux côtés de Lazare. Ils étaient encadrés par ceux des gens du dépôt qui n'étaient pas sur la ligne ce jour-là ; ils prenaient, comme Lazare, sur leur sommeil, pour faire masse.

Ils avaient rédigé une supplique, bien respectueuse mais ferme et digne, où ils représentaient au juge qu'un homme qui s'endort après trente-huit heures de plate-forme n'est pas un assassin, mais une victime.

Leur présence silencieuse et massive à toutes les audiences impressionna le tribunal, et un soir, Jeandrot, bien droit sur ses deux béquilles, sortit du Palais, acquitté.

Il était civilement condamné à payer trois cents francs d'amende, certes, mais, sur la place d'Armes, Lazare commença une collecte qui produisit trois cent cinquante francs. L'abbé Girardot lui ayant donné l'accolade, Jeandrot fut accompagné en cortège jusqu'à son domicile, un Jeandrot radieux qui respirait plus largement et boitait moins bas de se savoir acquitté.

Arrivé au 18 de la rue Chaudronnerie, il remercia ses camarades, qui se dispersèrent, mais lorsqu'il se retourna, il vit que Lazare s'était dissimulé dans l'embrasure de la porte cochère et faisait petite mine dans la pénombre.

— Ça, monte prendre un verre ! lui dit-il.

— Oui, répondit Lazare en reniflant comme un gamin, j'ai quelque chose à vous demander, Jeandrot !

Ils montèrent en silence. Les femmes, qui n'avaient pas voulu voir le père assis au banc des assassins, attendaient. Jeandrot les embrassa sans mot dire :

— Nous sommes sauvés du déshonneur ! s'écria-t-il en éclatant en sanglots. Il ne pensait ni à sa vie qu'il avait risquée ni à son martyre de six mois d'hôpital, mais à cette condamnation qui l'aurait tué plus sûrement que les blessures de sa chair.

Tout le monde pleurait.

Ce fut Jeandrot qui s'arrêta le premier. Il regarda Lazare de son petit œil plissé :

— Voilà un gaillard qui voulait me demander quelque chose, paraît-il ?

Lazare était tout regrigné, dans un petit coin, l'œil cafard, avec la mine d'un voleur de raisin.

— Alors ? questionnait Jeandrot en lui versant un verre de ratafia.

L'autre se taisait, tiraillant ses moustaches

— Alors ? insistait le vieux en regardant sa femme.

Lazare se leva. Il était devenu pâle comme un naviau, et tripotait de ses grands doigts la montre de l'empereur, en regardant le cadran, pour se donner contenance.

— Il est huit heures de relevée, si tu veux le savoir ! lança Jeandrot qui trinqua.

L'autre ne disait toujours rien. Le vieux brusqua les choses :

— Ce ne serait pas, par hasard, que Barnay l'Anglais t'enverrait pour me demander, pour lui, la main de ma Caroline ?

Lazare se leva comme un fou. Il avait repris son œil de tiercelet et ses couleurs de vie :

— Papa Jeandrot, ne plaisantez pas là-dessus...

Puis, d'une voix étranglée : « C'est pour moi que... que... »

Caroline tirait discrètement vers la porte de la cuisine, mais lorsqu'elle entendit cela, elle poussa un petit cri qui résonna comme un alléluia ; elle prit, dans ses doigts crispés la petite croix d'or qui s'était mise à trembloter sur sa poitrine.

— Laisse ta croix, lança son père, et aide donc ce ladre-là à finir son discours[1] !

Lazare l'avait prise bravement par la main et la regardait. « Oui, dit-il, c'est ça que je voulais dire !

— Allez donc ! cria le père en les poussant l'un près de l'autre, vous êtes deux grands imbéciles et vous ne vous doutez guère de ce qui vous attend… mais il est trop tard, le mal est fait et il n'y a plus que le maire et le curé qui y puissent tantôt quelque chose !

On compta dix mois de fiançailles. Ne fallait-il pas terminer le trousseau commencé l'année de la première communion de Caroline ? Ce n'est pas en trois semaines qu'on prépare quinze paires de draps brodés, trente-six chemises, et le reste à l'avenant.

Maman Jeandrot sortait des boutiques de la rue du Bourg ou du Coin du Miroir, pour entrer dans celles de la rue des Forges, pour comparer ; elle n'achetait qu'après de longues démarches et de laborieux marchandages. Elle ne se décidait que pour la meilleure qualité en disant : « Nous sommes trop pauvres pour acheter bon marché. »

1. Ladre : Lazare, en patois bourguignon.

195

Tout était cousu de leurs mains ; elles passaient la journée dans des monceaux d'étoffes et lorsque Lazare arrivait, Caroline émergeait d'un bouillonnement de tissus qu'il enjambait pour aller l'embrasser.

Elle baissait les yeux pour ne pas lui montrer à quel point elle était émue, mais, en posant la main sur son épaule, il la sentait agitée d'un grand frisson. Il n'osait lui en parler, de peur de l'effaroucher davantage.

Un jour, alors qu'il s'approchait pour lui donner comme d'habitude un baiser sonore sur ses bonnes joues, elle tourna la tête par inadvertance et le baiser arriva sur le coin des lèvres. Le frisson s'accrut au point que Lazare en fut bouleversé. Il l'entoura de ses deux grands bras et serra. Les yeux de la petite s'ouvrirent alors, elle osa le regarder pendant qu'il l'embrassait. Leurs regards se pénétrèrent longuement, ses petites mains se dénouèrent et vinrent se poser sur la nuque du mécanicien, et le frisson, alors, cessa comme par enchantement.

Ce vertige à deux envirota Lazare qui perdit la mémoire de tout, même du chemin de fer. Non qu'il délaissât la Crampton, mais il abandonna ses griefs, cessa ses discours, trouva tout beau et tout bon. Même les hommes lui parurent meilleurs.

— Au diable la solidarité ouvrière ! foin de

l'alimentation des chaudières ! Qu'on ne me casse pas les oreilles avec la baisse du trafic du chemin de fer ou le voyage de la reine Victoria ! Tout va bien : je me marie avec la plus jolie chatte qu'on ait jamais vue !

Ils se marièrent en mai, à Notre-Dame.

Peut-être qu'au-dessus du cortège de la noce, le fantôme de la « fauvette noire » vint-il flotter, mais Lazare n'y prit point garde. Le torse avantageux dans son gilet de tapisserie, la cravate bouffante, la bottine cambrée, il avait la figure d'Hercule tout de suite après sa victoire sur le sanglier d'Erymanthe et il ne perdit pas sa superbe lorsqu'ils se trouvèrent seuls dans la petite maison de vigne. Il avait loué cette maisonnette à deux pas de chez Maman Mercusot ; il ne voulait pas quitter ce quartier de vignes et de roches qui lui rappelait son Arrière-Côte natale sans le priver de la compagnie des trains qui grondaient dans la tranchée des Chartreux.

De son jardin, il pouvait admirer les convois qui passaient entre les roches blanches, et, de sa fenêtre, il voyait la gueule noire du tunnel de Chèvre-Morte, vomissant, comme un cratère, des volutes de fumée sombre et de vapeur. Au bas de ces roches frétillait gaiement l'Ouche où il pouvait, en moins de dix minutes, tendre une ligne de fond, donner un coup d'étiquet ou tout bonne-

ment glisser un fil, les eaux vives l'ayant toujours
attiré ; il se comparait souvent à elles : « toujours
roulant, toujours courant. »

Son frère de lait, le curé Beugnot, venait
maintenant plus souvent le voir, depuis son
mariage avec une bonne chrétienne. Caroline était
en effet pieuse et pratiquante. Ainsi se continuait
la tradition artisanale de nos pays bourguignons,
où l'homme, maucroyant et anticlérical, était tout
fier de s'accoupler avec une bonne paroissienne,
peut-être pour avoir sous la main de quoi dauber
sur la bigoterie, ou de quoi s'attendrir in petto sur
le souvenir d'une sainte mère.

L'abbé Girardot montait aussi à Chèvre-Morte,
non pour parler religion, mais pour continuer à se
documenter sur le chemin de fer. Il connaissait
par cœur le roulement de Lazare et lorsqu'il
arrivait à la maisonnette, il le trouvait repiquant
ses salades ou battant le fer, car il s'était installé
une forge, ne pouvant rester une semaine sans
faire chanter la bigorne.

— Toujours au brasier, Vulcain ? s'écriait
l'abbé en arrivant.

— Bah ! on s'occupe ! répondait modestement
Lazare. Et ne venez pas m'emberlificoter de vos
belles phrases ! Je ne veux plus être qu'un
quidam !

En effet, plus anarchiste que jamais (possession

de femme ne pousse pas au partage), Lazare s'était mis à chaudronner, tout seul et pour lui seul, un abri pour sa machine. Chacun pour soi. Mieux valait le faire sans en jaser, que d'en jaser et de s'en passer !

C'était une sorte de bouclier en tôle de fer dont il avait étudié la forme et le rivetage de telle sorte qu'il pouvait le mettre en place et l'enlever, en un instant, à chaque voyage.

Lorsque la Crampton quittait le dépôt pour faire un train, elle était nue, sa silhouette était nette et réglementaire, mais aussitôt arrivé en ligne, Lazare installait son paravent qui avait un peu la forme d'une queue de passereau dressée vers le ciel ; en fin de parcours, il démontait tout et cachait l'appareil sous le charbon. Lui et son chauffeur s'abritaient béatement derrière cet écran qui ne manquait pas d'élégance. Un jour, il apprit qu'à cause de ce paravent on appelait sa locomotive : la Fauvette !

Il en fut bouleversé et sentit saigner sourdement une douce blessure : « Je ne me débarrasserai donc jamais de ce fantôme ? », pensa-t-il.

Lazare devait bientôt prendre le nom de sa machine. Lorsqu'il arrivait, on disait : « Tiens, v'là la Fauvette ». Ce surnom devait d'ailleurs lui rester jusqu'à sa mort et enfin, lorsqu'il fallut trouver un nom à la société clandestine de secours

mutuel, on prit, croyant lui faire plaisir, celui de
« Fauvette noire », que Lazare accepta comme
une fatalité, en pensant : « La fatalité, c'est
quelque chose ! »

Tous les quinze jours, à la paye, les quêteurs
passaient auprès des compagnons du dépôt et
disaient : « Pour donner à manger à la petite
fauvette noire ! »

Les mécaniciens et les maîtres ouvriers devaient
verser quinze sous, les chauffeurs et les ouvriers,
dix sous, les manœuvres, six sous. Ces sommes
étaient gardées par le trésorier, dont la charge
était donnée à tour de rôle, sans autre garantie que
celle du serment. Des administrateurs élus veil-
laient à l'utilisation des fonds. Un conseil de
discipline était constitué par une dizaine d'hercu-
les, chargés de sanctionner à leur façon les
manquements à la discipline librement consentie.
Ils n'eurent, jusqu'en 1870, jamais à intervenir.

Lazare ne voulait plus jouer un rôle de premier
plan dans cette organisation. Il cotisait comme
tout le monde, tenait, à son tour, son rôle de
trésorier, et rentrait aussitôt dans le rang. Il
s'ensuivit, comme toujours chez les Gaulois, des
brouilles et des tentatives de déviation. Des
ambitieux rêvaient d'accaparer le mouvement, on
s'en doute, pour l'utiliser à des fins politiques.
Des discussions orageuses étouffaient, aux réu-

nions, toutes tentatives de revenir à l'ordre du jour. Lazare s'abstenait même d'y assister maintenant, au grand désespoir de l'abbé Girardot, qui suivait de très près l'évolution de ce curieux malaise au sein d'une société basée sur cet amour dont il parlait sans cesse.

— « Reprenez-les en main, Lazare, je vous en supplie, disait-il. Ils vous écouteront, vous, et vous les maintiendrez dans la voie de la raison qui est celle de l'entraide dans le Christ !

— Moi ? je n'ai jamais parlé de Christ, ni de bondieuserie ! répliquait Lazare, rouge comme un dindon.

— Et cela vaut beaucoup mieux de n'en n'avoir point parlé, mon cher Lazare, mais il n'empêche que vous avez employé presque mot pour mot les paroles évangéliques dans vos discours et la charité chrétienne...

— C'était la solidarité...

— C'est tout un ! La solidarité dans l'amour ! Si vous sortez de l'amour, vous faites fausse route !

— Vous crevez de colère parce que nos réunions ne se font pas à l'église ou à la sacristie ! répliquait durement Lazare.

Alors l'abbé levait les mains au ciel et, les larmes aux yeux, s'exclamait :

— Mais quand donc le peuple comprendra-t-il

que Jésus était un ouvrier, fils d'un ouvrier et d'une ménagère ?... Quand donc aussi l'Eglise le comprendra-t-elle ? Si elle n'aide pas les ouvriers, dans leur lutte pour leur dignité, ils se passeront d'elle, et ensuite, elle pleurera ses fils perdus !

Lorsque l'abbé Girardot quittait Lazare dans cet état, il courait à l'évêché, demandait à être reçu tout de suite chez l'évêque. Combien de fois déjà avait-il fait la navette entre la Fauvette noire et le prélat ? Hélas, à chaque fois, il était reçu, avec un bon sourire certes, écouté, puis bénit, mais c'était tout.

— Monseigneur, monseigneur ! clamait l'abbé, aidons le peuple à conquérir ses droits les plus légitimes et l'Eglise verra revenir à elle toutes ces foules qui, autrement, se jetteront, de dépit, dans l'athéisme !

Ces accents restaient sans échos. Pie IX, au contraire préparait, à cette époque, l'Encyclique QUANTA CURA qui condamnait le libéralisme catholique, et le clergé, même le petit, s'abonnait à l'*Univers,* de M. Veuillot, qui devait se moquer si fort des « petits curés démocrates ».

Un jour, ce fut une autre chanson : Caroline qui coulait sa lessive dans le bûcher, vit un homme maigre monter le raidillon. Il était vêtu d'une roupane noire. Une longue barbe grise recouvrant son plastron étirait vers le bas sa figure pourtant déjà longue. Ses joues creuses, avivées de rouge aux pommettes, son long nez, ses yeux creux et ses cheveux flottants lui donnaient l'allure de l'apôtre. Il marchait avec des gestes anguleux, semblable à un grand épouvantail, qui fit peur à la petite Caroline lorsqu'il lui demanda :

— C'est bien ici la demeure de Lazare Denizot ?

Elle le fit entrer. Lazare arrivait du dépôt. Il était encore noir de charbon. L'autre se présenta :

— Je suis Tolain, ciseleur sur bronze, ouvrier de France ; je suis venu de Paris pour parler aux ouvriers bourguignons.

Lazare se leva d'un bond : « Tolain ? dit-il, le grand Tolain ? »

— Comme tu dis, le grand Tolain.

Lazare tendit la main, mais l'autre ouvrit les bras et donna l'accolade à Denizot en disant : « Je te salue, mon camarade ! »

Lazare eut un sourire étonné et narquois. Tolain avait le geste messianique et la voix musicale des grands convaincus.

Il parla pendant une heure, récitant sa profession de foi : l'union de tous les ouvriers du monde, dans le cadre tout frais de la grande industrie pour obtenir le droit au travail, le droit d'association, le droit de grève, sans quoi, disait-il, le progrès n'était qu'un vain et douloureux bouleversement des mœurs.

Il parcourait la France pour assembler le puzzle des bonnes volontés éparses, comme il disait, car il allait se rendre en Angleterre pour représenter la France au Congrès international. Il voulait non seulement y présenter les ouvriers des grandes manufactures et des mines, mais aussi les ouvriers du chemin de fer qui tiennent entre leurs mains la clé des transports, sans quoi tous les hauts fourneaux et les laminoirs s'arrêtent.

A Londres, les ouvriers français allaient rencontrer pour la première fois les ouvriers de tous les pays, « et c'est le chemin de fer, disait Tolain, qui, supprimant les distances, rassemblait ainsi les hommes et leur permettait de s'unir ».

Il continua : « Vous avez fondé, je le sais, une société de secours mutuel clandestine. Il vous reste à désigner deux délégués qui la représenteront au Congrès. Il vous reste à la déclarer, à sortir de l'illégalité, car c'est au grand jour que doivent agir les amis du peuple.

Lazare le regardait.

Il regardait Lazare.

Deux grandes honnêtetés étaient face à face : celle de Tolain, le doctrinaire, faite de rigoureuse et d'inébranlable fidélité à un dogme. Celle de Lazare, l'anarchiste, au contraire, prompt à se dédire et à se contredire, au gré de ses pensées et de ses émotions personnelles. Deux sortes d'honnêtetés qui, venant à s'opposer, peuvent provoquer les pires conflits.

Caroline, l'oreille collée à la serrure, avait tout entendu. Lorsqu'il fut parti, elle eut l'audace de parler à son Lazare : ces hommes à grandes barbes de brigands ne lui disaient rien de bon. Tous ces poils qui lui sortaient de la figure lui paraissaient prôner le désordre et l'insolence. Combien lui inspirait plus confiance le portrait du Pape Pie IX, qu'elle avait accroché au-dessus de sa table de nuit, sous le rosaire de buis artistement disposé en forme de cœur, surmonté du crucifix de mission, barré d'un rameau bénit !

Lazare l'écouta lui conter ses craintes et se tut. Il resta longtemps immobile devant la chaise vide de Tolain. Il se tripotait la moustache en se disant : « Mais où diable ai-je déjà vu cette figure-là ? »

Tout à coup, il éclata de rire :

« Mais sapristi ! J'y suis ! La barbe en moins, c'est le portrait de l'abbé Girardot ! »

Il venait de s'apercevoir que tous les deux appartenaient à la même espèce d'hommes, et cela le faisait rire à en perdre le souffle. Quand il fut calmé, il se regarda dans la glace en se disant, à haute voix, comme les acteurs de théâtre :

— Lazare Denizot ! Toi ? Tu prendrais conseil chez ces deux mal-nourris ? chez ces mâche-bile ? chez ces bouffe-creux, ces rumine-vide, ces suce-tisanes ? Ma Caroline jolie, mon confesseur bien-aimé, ma gironde et frétillante conseillère, apporte-moi le réconfort d'un de tes baisers, et sers-moi tout de suite, dans mon écuelle, la pauchouse que ni l'un ni l'autre de ces deux ventre-à-paroles ne saurait apprécier ! Vite les contre-poisons : tes sauces, tes chatteries et tes ravigotons ! Et après, je sais bien quel congrès nous tiendrons tous les deux, dans notre petite chapelle blanche !

La vie de Lazare était désormais changée. Comme celle d'un grand loup maigre auquel on donnerait, tout à coup, une bonne miche et deux gamellées de soupe par jour. Il se métamorphosait. Sans doute faisait-il toujours ce métier terrible qui l'emmenait, en moyenne, douze heures sur vingt-quatre, sans fête ni dimanche, sur le chemin de Tonnerre, de Lyon ou de Besançon, sans doute menait-il à son bord la vie d'un amiral d'escadre, par gros temps, commandant, criant, tempêtant, mais, à peine descendu de machine, il courait pour remonter aux Marmuzots, car il savait y trouver Caroline dans sa maisonnette entourée de son jardin et de la petite vigne de Pinot.

Arrivé là, il devenait un autre homme : autant, sur la Crampton, il était mordant, hurlant, reprenant, autant chez lui il était doux, souriant et bénin. On le voyait pincer paisiblement ses fraisiers, arroser ses poireaux, tisonner dans son âtre ou s'affairer devant son étau, en sifflotant « Pauvre petite abandonnée », doux comme miel et fondant d'attendrissement en regardant Caroline aller et venir, ou même s'asseyant dans le fauteuil Voltaire, dont il avait tant ri, cadeau inattendu des frères du Dépôt (on commençait à écrire ce mot avec une majuscule).

Sa plus grande joie était de contempler son chez-lui : deux pièces blanchies à la chaux, où le lit à baldaquin, voilé de rideaux à bouquets, pimpant comme un carrosse de princesse, voisinait avec la maie en cerisier bien ciré, où trônait la couronne de mariée sous son globe de verre, un chandelier à droite, un chandelier à gauche.

Devant la fenêtre, la table souvent fleurie et, dessus, la lampe à pétrole, folie de belle-maman, avec un abat-jour vert bouteille, couleur impériale, avec pompons et soutaches dorées, sur une sorte de colonne Vendôme étayée d'un brelan d'angelots de bronze moulé. Objet de luxe bien dans la manière du Second empire et, au demeurant, un peu inattendu dans ce cadre encore paysan.

Cette lampe était le seul luxe, pesant et maniéré, par lequel le monde de l'industrie entendait pénétrer dans cette famille en pleine évolution, et la marquer de son mauvais goût ; par cet éclairage au pétrole, ces braves gens voulaient montrer leur bonne volonté de se laisser gagner au progrès. Bien entendu, ils avaient choisi pour cela une horreur, un de ces monstres bâtards où la technique, cette parvenue, avait étouffé toute la grâce et toute la simplicité rustique sans pouvoir apporter autre chose que son orgueil naissant. « Un mécanicien de locomotive ne peut pas s'éclairer à l'huile ! », avait dit maman Jeandrot en la leur offrant, et la puanteur du pétrole leur donnait désormais une délicieuse sensation de confort.

C'était là, en vérité, la seule fausse note parmi ces meubles issus de l'admirable artisanat rural dont ces braves gens n'allaient pas tarder à avoir honte.

Lazare, pour l'instant, enivré par le parfum assez capiteux de sa Caroline, aimait à se dire que tout ce royaume était bien à lui, dont elle était la reine. Il avait apprécié qu'elle eût exposé, en place d'honneur, sur l'armoire crapaud venant du grand-père menuisier, le prototype de ce fameux injecteur qu'il avait si amoureusement fignolé, quelques années plus tôt. Par cet objet brillant et délié comme un alambic miniature, le MÉTIER était présent et régnait sur le foyer comme un blason.

... Et Lazare, béatement étalé dans son fauteuil, se prenait à ronronner d'aise. Le monde entier semblait s'éloigner et s'estomper dans une molle brume, un doux coton d'indifférence, alors qu'une des trois poules, dans le juche, chantait la joie quotidienne de l'œuf fait, la solitaire satisfaction du devoir accompli !

Ah ! l'abbé Girardot et le grand Tolain, ces deux pauvres fruits secs, ces deux châtrés, pouvaient bien alors prêcher, discourir et piaffer d'impatience ! Leur voix ne parvenait aux oreilles du grand Lazare Denizot qu'à travers plusieurs épaisseurs de sérénité : celle du mâle satisfait, du père probable, et du gourmet comblé. Connaissez-vous un Bourguignon qui ne soit complètement sourd à ce compte ?

Pourtant les attaques ne manquaient point, surtout de la part du curé qu'une lune de miel ne viendrait jamais apaiser. Il lui proposa plusieurs fois, par exemple, d'étendre son association aux autres corporations du chemin de fer : ceux de la voie, cantonniers et poseurs, ceux des gares : aiguilleurs et employés aux écritures, qui voulaient s'allier aux gars des ateliers. L'abbé lui promettait alors de lui amener cinq cents adhérents pour commencer. Lazare, une fois, fut repris par ses idées de grandeur, comme il disait. Ce fut quand l'abbé lui exposa la situation des poseurs, par exemple, qui trimaient encore quatorze heures sur la voie. Il n'avait que dédain pour cette piétaille, tous venus de la culture, et non de l'artisanat, et dont aucun n'était tant seulement capable de braser ou de limer droit. C'était, à ses yeux de mécanicien, une valetaille nécessaire, mais négligeable, mais lorsqu'il se prit à considérer que ces gens trimaient le plus souvent de cinq heures du matin à sept heures de relevée, il s'emporta :

— C'est vrai, aussi ! La République a voté des lois de dix ou onze heures de travail, et l'Empire ne les applique pas ! L'Empereur écrit un livre qu'il appelle *L'extinction du paupérisme* et prétend améliorer nos conditions de vie et il laisse subsister l'article 1871 ? Et on ne peut montrer son mécontentement ?

— ... Et si on s'endort après trente-huit heures de conduite... murmurait le terrible abbé.

Mais Lazare ne l'entendait pas ; déjà il était

retombé dans les rets de Caroline qui, par la porte entrebâillée, lui souriait.

Il se prenait à réfléchir, puis il concluait.

— Bien sûr, l'abbé, lorsque ces gens sont venus de la terre, ils faisaient douze et quinze heures dans les champs, et le chemin de fer leur a fait le même compte, mais on a oublié, ou feint d'oublier, que sur ces quinze heures de cultivateurs, il y avait le temps des collations, des parlottes, des averses passées dans la grange, des journées de neige où l'on ne fait qu'avoiner les bêtes. Ici, c'est douze heures de travail effectif, sur la voie, le pic à la main, tous les jours que le bon Dieu fait. Faudrait quand même que ces gens-là fassent entendre leur voix...

— Vous voyez bien qu'il faut accueillir tout le monde dans votre association ! insistait l'abbé.

— Peut-être... peut-être... mais nous autres, des machines, on préférerait rester en famille...

— Lazare ! grondait l'abbé, en faisant les gros yeux, ce sont vos frères en Jésus-Christ...

— Sans doute... mais, voyez-vous, tout cela ne me turlupine plus beaucoup maintenant...

— Que s'est-il passé, Lazare ?

Lazare reposa sur son brasier la pièce qu'il était en train de forger, prit le temps de la bien recouvrir de charbon et tout en tirant savamment sur la chaîne du soufflet, se mit à regarder l'abbé, en plissant les yeux, comme chaque fois qu'il sentait la gaudriole lui monter comme moutarde au nez :

— Mariez-vous donc, l'abbé, mariez-vous à une jolie Bourguignonne, et vous verrez ce qui se sera passé... et tâchez de devenir père ! et moi je vous le dis, vous trouverez que tout est beau et bon en France, et qu'empereur ou république n'y changent pas grand-chose !

Vers la fin de janvier, Caroline, qui étendait sa lessive dans le petit hangar, eut une faiblesse, la première, et cinq jours plus tard, le premier février, elle accouchait d'un petit garçon qu'elle nomma Joseph, en souvenir du père de Lazare, tué par la foudre sur son char à foin, vingt ans plus tôt.

Or la nuit de l'accouchement, Lazare était bloqué par la neige, sur sa locomotive, entre Dole et Mouchard, au plus épais de la forêt de Chaux. Tout en jouant de la pelle avec les gars de la voie pour dégager sa machine, il hurlait, comme chaque fois que le métier était difficile : « Métier de gredin qu'a tué père et mère ! Métier de condamné ! Si jamais j'ai un fils, je lui couperai les

mains plutôt que de le voir prendre le ringard !
J'en fais le serment ! » (et il crachait solennelle-
ment en levant la main).

Tout le monde riait en pelletant de bon cœur ;
C'est alors qu'il changeait de ton et lançait :

— Et dire que ma femme croit que je
m'amuse !

Alors que les pelletées de neige volaient par-
dessus le remblai et que les sangliers de la forêt de
Chaux se dérobaient en tremblant et en disant :
Filons ! C'est le Lazare Denizot !

Quand il rentra au Dépôt, au petit jour, il était
fourbu, tout regrigné de froid, « le sang gelé »
comme il disait, mais en arrivant aux Marmuzots,
il vit la sage-femme faire ronfler la cuisinière, il
bondit par-dessus la murette en criant : « Alors ça
y est ? »

Il était dans la chambre avant que la bonne
femme ait eu le temps de répondre, il bousculait
maman Jeandrot qui vaquait dignement, et
gagnait le lit déjà regarni de draps propres brodés
d'un épais monogramme. Il vit Caroline qui riait,
au fond de sa couette :

— Ma Caroline !

Il regarda le berceau. Elle lui cria :

— C'est un garçon, Lazare ! C'est un petit
Joseph !

Il se mit à danser la gigue, puis revint vers le

berceau et regarda le petiot ; c'était un bon gros
gaillard, ni ridé ni plissé, mais plein et rose.

— Bon Dieu ! dit Lazare en hochant la tête,
sans oser le toucher de ses grosses mains encore
noires de poussier de charbon, du bon sang de
Gaulois !...

Puis, comme pour effacer toutes ses imprécations de la nuit :

— Ça fera un sapré mécanicien !

Les femmes se récrièrent en riant. Un bon
parfum de bouillon de poule flottait dans l'air, on
entendait ronfler la cuisinière. Par la fenêtre, on
voyait tout le panorama de Dijon, brillant de
givre, sous un soleil joyeux.

— ... Un bon mécanicien, chantonnait Lazare,
en se risquant à caresser, de son gros doigt, la joue
de son petit,... un bon mécanicien... Mais lui, il
aura un abri contre la pluie et contre le vent ! Je le
jure !

En se levant, ce matin-là, le grand Lazare fit un
bouquet de roses de Noël et le posa sur la table de
nuit, pour Caroline. Ces fleurs lui rappelèrent
Incarnacion, puis le colonel et son Dislas.

— Tiens ! dit-il, voilà longtemps qu'on n'a pas
entendu parler du Joubert !... Il doit être mort !...

214

Quatre-vingt-six ans qu'il aurait !... Sacré Joubert !

Puis il partit pour le Dépôt.

C'était le jour de l'inauguration de la jonction des chemins de fer français avec la Suisse, par les Verrières, le Val-Travers et Neuchatel. Des drapeaux français et suisses flottaient au pignon de l'embarcadère. Une délégation de vignerons vaudois, en costume, étaient là avec l'inévitable bannière et l'orphéon ; de bons gros garçons rougeauds, à l'accent traînant, le chapeau enrubanné, donnaient de grandes accolades aux vignerons bourguignons, en casquettes noires, gilets de guingan. Avant le chemin de fer, le bon vin avait opéré une jonction, c'était visible.

Cette festivité matutinale, avec les flonflons des ophicléides, les éclats de voix, les guirlandes, lui rappela l'inauguration de Chagny-Nevers, trois ans plus tôt ; il revit, tout à coup, le cadavre d'Incarnacion Joubert étendu sur le ballast ; il eut un frisson :

— Hoho mon garçon ! marmonna-t-il, on pense bien à la famille Joubert aujourd'hui ! Que se passe-t-il ?

Il venait d'arriver à la porte du Dépôt. Dans le petit jour, un fantôme maigre se dressa devant lui. Debout, le dolman en lambeaux, un bandeau sur l'œil, de longs cheveux sales sur les épaules, c'était le colonel Joubert. Il paraissait avoir cent ans, mais il se raidissait pour ne pas perdre un pouce de sa taille.

Lazare fut tellement saisi par cette apparition qu'il resta muet. Ce fut le colonel qui prit la parole :

— Je vous reconnais, jeune homme, hum! C'est bien à vous que je dois parler !

Lazare reprit voix pour ricaner, croyant à une nouvelle folie :

— Où est donc votre cheval, colonel Joubert ?

L'autre ferma les yeux et répondit :

— Mon cheval est mort, jeune homme — tous mes chevaux sont morts ; mon aide de camp est mort !

— Quel aide de camp ?

— Wladislas Skanowsky.

— Dislas ? cette vieille futaille ?

— Il s'est noyé.

— Dans l'eau-de-vie ?

— Non. Il s'est jeté dans le canal le jour où j'ai dû abattre sa monture. Il n'a pas pu supporter d'être mis à pied.

Il y eut un silence grotesque et pourtant grandiose ; Lazare avait perdu son sourire et se taisait.

— Je pense que vous vous souvenez de ma

fille, Incarnacion Joubert, princesse de Hama-
tualco ?

Du menton, Lazare fit signe que oui.

— Avant de se jeter sous les roues du monstre,
ma fille m'avait remis ceci...

Il ouvrit son dolman et le grand pectoral en or
d'Incarnacion brilla sur la poitrine nue du demi-
solde.

— ... Elle m'a dit, hum : lorsque je serai
morte, vous conserverez ce bijou en souvenir de
ma mère, mais lorsque vous mourrez, promettez-
moi de le faire parvenir discrètement à Lazare
Denizot, hum, mécanicien au chemin de fer,
hum, souvenir de sa fauvette noire...

Il dégrafa l'objet et le tendit à Lazare :

— Le voilà, monsieur ! Prenez-le !

— Mais, monsieur, dit Lazare, vous n'êtes pas
mort.

Il y eut un court silence.

— Non, dit gravement le soudard, mais je vais
mourir.

— Attendons cet instant, monsieur, et allons
boire un verre !

Mais l'autre était exalté ; il parut ne pas entendre et continua :

— J'ai lutté pour sauver mon pays de la
décadence industrielle, hum. Hélas, je n'ai pas été
suivi. Aujourd'hui la lèpre matérialiste, hum,

217

gagne le cœur du pays, hum, la France est perdue, et moi, colonel Joubert je vais mourir !

L'homme tira de son dolman un pistolet d'arçon armé et, avant que Lazare ait eu le temps de faire un geste, il s'était fait sauter la cervelle.

Vinrent les curieux, puis la police. Lazare, emportant son trésor, eut bien du mal à se dégager à temps pour aller se mettre en tête de l'express de la Suisse qui, pour la première fois, circulait sur cette double voie qu'on venait de terminer entre Dijon et Dole, et assurait la première jonction avec l'Helvétie.

Il prit le temps de surveiller son chauffeur qui, la burette à long col à la main, faisait son tour de graissage.

Il s'approcha de lui et, passant le doigt sur le rebord du godet graisseur, recueillit la lourde goutte d'huile qui y perlait. Il la lui montra, luisante, étalée sur un gros doigt, en disant :

— C'est précieux comme les larmes du Seigneur, ça, et tu le gaspilles aux corbeaux ! Qui m'a foutu un pareil gâte-misère ? Tu veux donc qu'on nous suive à la trace ?

Après quoi, ils montèrent prestement sur la plate-forme et démarrèrent en beauté.

La porte de l'Europe centrale était ouverte.

DU MÊME AUTEUR

Aux Éditions Denoël

À REBROUSSE-POIL.

JE FUS UN SAINT.

LA PIE SAOULE.

LES CHEVALIERS DU CHAUDRON (*Prix Chatrian*).

LA PRINCESSE DU RAIL (*Feuilleton télévisé*).

WALTHER, CE BOCHE MON AMI.

LES YEUX EN FACE DES TROUS.

LE SANG DE L'ATLAS (*Prix Franco-Belge*).

LA BILLEBAUDE (*Prix Rabelais, Prix Tony Burnand et Prix France-Luxembourg*).

LE PAPE DES ESCARGOTS (*Prix Olivier de Serres*).

LES ÉTOILES DE COMPOSTELLE.

LES VOYAGES DU PROFESSEUR LORGNON.

LOCOGRAPHIE.

L'ÂGE DU CHEMIN DE FER.

L'ŒUVRE DE CHAIR.

LE MAÎTRE DES ABEILLES.

LE LIVRE DE RAISON DE GLAUDE BOURGUIGNON.

Aux Éditions NM

« LE PROFESSEUR LORGNON PREND LE TRAIN ».

Impression Bussière Camedan Imprimeries
à Saint-Amand (Cher),
le 3 novembre 2000.
Dépôt légal : novembre 2000.
1ᵉʳ dépôt légal dans la collection : mars 1981.
Numéro d'imprimeur : 004996/1.

ISBN 2-07-037270-7./Imprimé en France.
Précédemment publié aux Éditions Denoël.
ISBN 2-207-20563-0.